Artron Books
雅昌艺术图书

丝绸之路上的东南亚文明

泰国 Thailand

主编 李元君
撰文 段立生
摄影 连旭

接力出版社 Jieli Publishing House
广西人民出版社

Thailand
泰国

泥巴、色彩和青铜塑造的史前文明（史前时期）

- 史前时期（迄今 6500 年）

  前素可泰时期（公元前 1 世纪—公元 13 世纪）

  素可泰王朝时期（1238—1419 年）

  阿瑜陀耶王朝时期（1350—1767 年）

  吞武里王朝时期（1767—1782 年）

  曼谷王朝时期（1782 年至今）

一、班清文化遗址

班清（Ban Chiang）位于泰国乌隆（Udon Thani）府侬旺县，“班”是村子的意思，班清就是清村。1966年，一位名叫史蒂芬·B. 扬（Stephen B. Young）的美国青年（当时美国驻泰国大使的儿子）到泰国东北旅游，在班清无意中拾到几块陶片，上面奇特的赭红色纹饰让他爱不释手。史蒂芬·B. 扬通过特殊的途径把陶片送到美国宾夕法尼亚大学。学者们用碳14方法测定出这些有美丽红色纹饰的陶片产生于公元前3600年一前1000年，这项发现引起了世界的轰动，班清文化遗址由此为世人所知。

接踵而来的是泰国及国内外一批批学者，从1967年开始到1985年为止，先后共进行了9次大规模的考古发掘和野外调查，发掘出大量的人体骨骼、陶器、青铜器和铁器，成为研究班清文化的实物佐证。

陶器

陶器，形象地说，是一种用泥巴塑就的史前文明。一堆潮湿柔软的泥巴，一经人工设计，制成各种形状的器皿，火烧过后，变得坚硬，盛水不漏，盛物不丢。陶器的出现，是人类文明的一大进步，它使人类从单一依靠石材制造器物的时代中走出来。陶器改变了人类的烹饪习惯和生活方式，从此，人类不仅仅用火烧烤食物，还懂得对食物进行蒸、煮、炖、煨等。陶器还改变了丧葬习俗，许多发掘出来的班清陶器便是用来存放死人遗骸或骨灰的，称为“瓮葬”。

班清史前文化的考古证实，说明当地居民至迟于5000年前就懂得烧制陶器，并在上面绘制精彩的纹饰，在这些纹饰图案中，既有看似一挥而就的深红色花纹，也有经过精心构思的几何图形。美丽的图案与抢眼而又赏心悦目的色彩搭配，使陶器具有强烈的艺术感染力。从红陶、白陶和黑陶的胎质、形状及纹饰，人们可以看出它们的制作工艺及用途。

美国学者乔伊斯·C. 怀特（Joyce C. White）曾参加了班清遗址的发掘，她将发掘出来的陶器分为三个时期：

早期，约公元前3600—前1000年。

中期，约公元前300—前200年。

晚期，约公元前200—公元200年。

专家们对班清陶器的纹饰进行了收集、整理和研究，归纳为下述7类：单螺纹、双螺纹、中国式的工字纹、钩形纹、蛋形纹、蛋形重叠的锁环纹、波浪纹。此外，有的陶器上还画有牛、鳄鱼等动物的写实图案。

纹饰的制作通常采用刮、划、刻、刺、压、滚等方法。

班清出土的陶器最小的高15厘米，最大的高至62厘米。这些陶器常用来盛死人的骨骸，也有一些作为日常生活的用具。

令人惊叹的是，班清出土的最早的陶器已有5600年的历史，使人不能不联想到中国的仰韶彩陶和越南的东山陶器。仰韶彩陶距今约7000年，东山陶器最早的已有5000年历史。可见，班清文化无疑是一种足以傲世的史前文化，可是为什么偏偏只在班清一地发现，而周围地区所发现的农业文化遗址都不超过3000年？班清文化是怎样演变和发展的？这是亟待学者们深入研究和解读的谜。

青铜器和铁器

过去人们一般认为，东南亚地区使用金属从越南的东山文化开始，而东山文化源于中国，其时间不超过公元前700—前500年。班清出土的青铜器和铁器，从其使用年

第22页　班清陶器细部。
第24页、第25页、第26页、第27页、第28—29页、第30—31页　班清陶器。班清陶器以红纹陶最常见和最有名，因为最早的宣传照片就选择红纹陶。此外，还有灰陶和黑陶。其纹饰具有明显的个性和高度的想象力，充分显示了那个时代的生活气息。早期纹饰从现实实物中抽象出一些简单的线条来创造美，后期的纹饰出现了与实物相似的人、兽、植物的图案。纹饰的制作有固定的原则和程序。图中所示的陶器现藏于班清国家博物馆。

代来看，无疑是对上述观点的质疑。班清出土的青铜器和铁器有矛头、斧、箭簇、手镯、脚镯、鱼钩等。其中制作年代最早的是铜矛，大约有4000年的历史，化学分析的结果是锡占3％，含量较一般青铜器低。除了上述铜矛，班清出土的其他青铜器还都保持铜占85％—90％、锡占10％—15％的比例。有的还加了锌，使其容易磨得锋利，但质地较软。

值得注意的是，人们在班清发现了坩埚和浇铸用的石模，说明这些青铜器是在当地生产的。

在班清，人们还发现了公元前700—前500年的铁器，经测试证明，铁器是直接从矿石中冶炼的，不像中国先炼出生铁，再加工成熟铁。

虽然班清出土的青铜器和铁器数量不多，却是泰国冶金发展史上的一个重要阶段。

由于班清文化遗址的重要性，1992年它被联合国教科文组织列为世界文化遗产。如今，为接待来自世界各地的旅游观光者，村里修建了博物馆，开通了电瓶游览车，村民的家庭作坊继续制造现代班清陶器供游客选购，同时也让班清文化得以继续传承。

二、班菩史前壁画

班菩（Ban Phu）位于泰国东北乌隆府，距府治乌隆他尼68千米，紧接蒲潘山脉。1973年人们在这里的山岩上发现了一批史前岩画，成为继班清之后的又一重大考古发现。

第32—33页 青铜像。泰南地区发现的前素可泰时期的青铜像，包括动物图像、神像、佛像，制作精美，代表了泰国冶金发展史上的一个重要阶段。图中所示的青铜像现藏于曼谷国家博物馆。

班菩的地形地貌显示，亿万年前这里曾是一片大海。由于海水的冲刷和侵蚀，一些巨石变成上面大下面小的蘑菇状，可以蔽日遮雨。有的则像屋檐般地突出来，形成岩穴。不知何时发生的地壳变动，使这一地区由沧海变成陆地，进而孕育了早期的史前文明。

班菩的史前岩画分4类：人、动物、手掌印和几何纹。用赤铁矿石粉作颜料绘制，也可能加了动物的血，故呈赭红色。岩画藏于每块长约6米、恰似蚌壳张口的岩壁上，气候相对干燥，雨水侵蚀少，因此得以保存。有行走状的人像，还有如野牛、山猪、飞禽、马鹿等动物形象，这些图像线条简洁，形象古朴，被人类学家归为原始艺术类。手掌印和几何纹归为抽象艺术类。

班菩的史前岩画与中国云南沧源佤族的史前岩画十分相像，人的身体都画成三角形。据学者研究，泰东北地区古时也住着腊瓦（Lava）族，与中国云南佤族同源。早期腊瓦人在班菩留下岩画的原因，不会是单纯出自美术创作的冲动，而是跟他们的原始宗教信仰有关。否则，除了人兽的图像外，就不该有手掌印和几何纹。可是我们现在还弄不清这种原始宗教的教义和崇拜仪式。

最近，中国云南永仁县灰坝地区也发现了史前岩画，在约2平方米的遗留画面里，有10余个手掌印，手掌印下方有两个一大一小的舞者，舞者像已经不太清晰。和班菩岩画相似的是赭红色的手掌印，说明这两个地方的原始族群曾信奉同一种原始宗教。自古聚居在永仁的傣族，应该与泰国泰族同源。

总之，班菩史前文化与中国云南史前文化有亲缘关系，这是毋庸置疑的。

三、泰国的铜鼓

铜鼓，英文名为Drum，广泛分布于中国南部及东南亚各国，用青铜制成，从考古发现来看，最古老的铜鼓已有近3000年的历史。可以这样说：铜鼓是史前文化的一个代表，传递着史前文化的基因和密码。

中国云南是铜鼓的起源地，这已在学术界达成共识。公元前400年，中国云南滇西地区的铜鼓顺红河、澜沧江而下，与越南、泰国、老挝、柬埔寨、缅甸、马来西亚、新加坡、印度尼西亚等东南亚国家的青铜文化相结合，形成了铜鼓文化圈。铜鼓作为这一广袤地区多种民族共同的文化载体之一，是史前文化的代表。史前社会生产力极其

低下，当时的农耕和游牧正处于刀耕火种、逐水草而居的阶段，因此民族迁徙是一种常态。铜鼓正是伴随民族迁徙在中国云南和东南亚地区传播的。

铜鼓是宗教文化的产物。所有的铜鼓上都没有发现文字，只有纹饰。文字跟纹饰是两种不同的符号，文字是推论性的符号，纹饰是呈现性符号。前者由语言而科学，后者由祭祀、神话、宗教而艺术；前者是科学性符号，后者是生命性符号。中国中原地区出土的古代青铜器——鼎，跟铜鼓有某些相似之处，都是史前时期出现的青铜器，都是用于祭祀的神器或礼器，但鼎上往往镌刻有文字，记述某一重大历史事件。鼎上的铭文就是最早的历史，因此，鼎代表了史官文化。

铜鼓代表宗教文化。作为生命性符号的铜鼓纹饰，并非简单的装饰物，而是与所处的原始宗教信仰相关联的宗教符号，它反映了以太阳神为主的多神崇拜。鼓面的中心是太阳纹，向外各个晕圈布满云雷纹、圆点圆圈纹、三角锯齿纹和鸟纹；鼓胸上有船纹；鼓身上有牛纹、羽人舞蹈纹、剽牛纹等。这些纹饰骤然观之，似觉错综复杂，但把它们置于原始宗教信仰体系下来观察，则可发现这些纹饰都有一定的宗教含义。铜鼓是神器和礼器，是宗教的外在表现形式。

铜鼓的主要功用表现在它的宗教功能上，以后才衍生出其他功能，比如，作为战鼓、乐器、贮贝器，以及作为财富和权力的象征等。从铜鼓的分布情况来看，它主要分布于中国南部和亚洲东南亚地区，其他地区少见，说明它是一种区域史前文化的表征。

目前，泰国发现的铜鼓中最著名的是1960年至1962年在北碧（Kanchanaburi）府翁巴洞出土的四个铜鼓碎片和两面完整的铜鼓，在运往曼谷的途中丢失了一面完整的铜鼓，另一面落入北碧府尹手中，后布施给一座寺庙。这些铜鼓的形制和纹饰与中国云南石寨山型铜鼓和越南东山铜鼓十分相像，明显地存在亲缘和传承关系。

泰国最权威的、由皇家科学院编纂的佛历2525年（1982年）版的《泰文大词典》是这样解释“铜鼓”的：“铜鼓是中国南部各民族用来敲击发出信号或音乐的鼓。这种鼓是用铜、锡、铅之合金冶炼的，不同地区的使用者对它有不同的称谓，比如泰国北部和缅甸称之为青蛙锣，因为在鼓边四周通常有青蛙塑像做装饰。”

铜鼓上的青蛙装饰实际反映了古人的图腾崇拜和宗教信仰。在自然界里青蛙出现，往往预示天要降雨，故青蛙

锣常用于抗旱祈雨的宗教活动。另外，青蛙是生殖能力很强的动物，用青蛙装饰铜鼓，寓意人丁兴旺。我们常见两只青蛙叠在一起的装饰，表示青蛙正在交配。可是，在泰国有的铜鼓上，却出现三只青蛙叠在一起的装饰，目前还鲜有文献表明有人对此做过专门的研究。

泰国的铜鼓为泰国的史前文化研究展示了一个平台。随着研究的不断深入，会有更多的新发现。

四、关于泰族起源的“九隆传说”

哀牢山位于中国云南中部，是云岭向南的延伸，为云贵高原和横断山脉的分界。哀牢山的名字很早便出现于中国古籍，许多古籍中都提到了一个传说：

早先有一个名叫沙壹的哀牢妇人，在水中捕鱼的时候，无意中触到一段木头，因而怀孕，产下十个男孩。后来那段木头化作一条龙，游出水面，对沙壹说：“你为我生的孩子在哪里？”九个男孩一看见龙都吓跑了，只有最小的男孩不怕，骑到龙背上。龙用舌头舔了舔他。因为小孩的母亲说的是像鸟语一样的语言，她把“背”说成“九”，把“坐”说成“隆”，所以骑在龙背上的小男孩就有了“九隆”的名字。等到孩子们长大成人后，九隆的哥哥们因他被龙舔过而比别人聪明，遂推举他为王。这时，哀牢山下有一户人家生了十个女孩，九隆和几个兄弟分别娶她们为妻，繁衍出后代。这群人喜欢文身，在身上黥以龙纹，衣服后面拖一条尾巴似的装饰。九隆死后，代代相传，分置小王，聚居溪谷荒郊，不跟中原往来。

第34—35页　铜鼓。铜鼓是宗教文化的产物。铜鼓上的纹饰常见的有太阳纹、蛙纹、鹭鸟纹等。其中蛙纹是最富特色的一种纹饰，反映了古人的图腾崇拜。鼓面上有青蛙的浮雕，有四至八只不等，在泰国还出现三只青蛙叠在一起的装饰。因蛙能知天时，青蛙出现，预示天要下雨，所以铜鼓经常用于抗旱祈雨的宗教活动。

从这个传说中，我们可以得到启示：沙壹触木怀孕生十子，反映出当时哀牢人正处于只知有母、不知有父的母系氏族的群婚阶段。后来沙壹的十子娶邻家十姐妹为妻，反映了由群婚向对偶婚的过渡。九隆被诸兄共推为王，以后又世世相继，说明哀牢社会已由原始公社发展到初期的奴隶制国家了。这是合乎人类社会发展进程的，故可以把这个传说当作哀牢人的初期阶段来研究。

根据九隆传说提供的信息，沙壹说的“鸟语”不是别的什么语言，正是泰语。再从民族文化特点分析，泰族文身、傍水而居，与哀牢人相同。从哀牢这个称呼看，“哀”是泰语的一个虚词，相当于汉语“阿王”“阿陈”的“阿”。泰族男子的乳名，首字发音必“岩”（读音 āi），即“哀”的同音异写。“牢”在泰语和傣语里都是“我们”的意思。他们自称“哀牢”，别人就把它当作他们的族称。“哀牢”就是老族，与泰族同源。所以泰系民族发源于云南的哀牢山。

《后汉书》李贤注引《哀牢传》说：“九隆代代相传，名号不可得而数，至于禁高，乃可记之。”到了禁高当哀牢王的时候，才有文字记载的历史。禁高传了8代，到扈栗（汉光武帝时期的人）为王的时候，归顺了汉朝。到了公元7世纪，南诏国建立，哀牢政权灭亡。一部分哀牢人留在哀牢山，成为现在的花腰傣；一部分哀牢人沿元江、澜沧江、怒江南下，成为现今西双版纳和泰国、老挝、越南泰系民族的先民。

早期传入的宗教文明（前素可泰时期）

史前时期（迄今 6500 年）

◆ 前素可泰时期（公元前 1 世纪—公元 13 世纪）

素可泰王朝时期（1238—1419 年）

阿瑜陀耶王朝时期（1350—1767 年）

吞武里王朝时期（1767—1782 年）

曼谷王朝时期（1782 年至今）

第36页、第38页、第39页　佛像。泰国的佛像制作大概始于公元6世纪，历时1500多年，在汲取印度佛像艺术营养的基础上，融入孟族、吉篾（Khmer）族和泰族的民族特色，形成泰国自己的佛像艺术风格。泰国的佛像面带微笑，和蔼可亲。让人想到泰国人乐善好施、性格平和、不喜争斗、与人为善的国民性。图中所示的佛像现藏于素叻他尼（Surat Thani）国家博物馆。

泰国史前时期的文明已经具备了原始宗教的信仰，这从班清的瓮葬习俗以及班普岩画发现的手掌印便可印证。为什么史前人类要把手掌涂上红色的颜料印在岩石上？可以肯定的是，手掌印跟他们的原始宗教信仰有关。

宗教信仰源于这几个人类永远无法回避的问题：人从哪里来？死后到哪里去？怎样才能永生？对这些问题的回答和解释，就是宗教之滥觞。严格说来，原始宗教还不是正规的宗教，因为正规的宗教必须具备三大要素：教主、教义和信徒。婆罗门教是人类历史上最早出现的正规宗教之一，它早于佛教900到1000年。

一、婆罗门教传入泰国地区

婆罗门教产生于印度，后衍变成印度教。泰国的婆罗门教有着悠久的历史，公元前2世纪就开始传入。

前素可泰时期（公元前1—公元13世纪）泰国存在许多大大小小的城邦国家，根据中国史书的记载，计有：克拉地峡附近的邑卢没国和谌离国；现今泰国的素攀（Supnan Buri）府一带有金邻国，泰语称为“萨旺那普米”，意即黄金地，这里自古以产金闻名；泰国南部的马来半岛上有盘盘国；佛统（Nakhon Pathom）府一带存在着一个

堕罗钵底（Dvaravati）国；南部宋卡（Songkhla）府一带，公元6世纪出现了一个赤土国，其西面是狼牙修国。公元515年，狼牙修国曾派使节去建康（今江苏南京），使节名叫阿彻多，现今中国国家博物馆还保存有一张这位使节的画像。六坤在中国古籍中被称为单马令国。以泰北的南奔城为中心，公元8世纪出现一个女王国，而这个国家则自称为哈利奔猜（Hariphunchai）国。清迈（Chiang Mai）曾经是一个独立的兰那泰（Lannathai）王国，中国元、明时期的文献称它为八百里媳妇国。

因了中国史书的记载，泰国古代史向世人呈现出更为丰富的色彩，过去人们一直误把公元13世纪建立的素可泰王朝视为泰国史的开端，而中国古籍把泰国历史往前推了1000多年。泰国史是在现今泰国的版图上各民族共同创造的历史。泰国史不等于泰族史，我们将素可泰王朝以前的历史称为前素可泰时期，这是泰国历史上不可分割的一个重要历史时期。

婆罗门教传入泰国后，对当时的泰国人来说，是一种新的宗教、新的文化，它改变了泰国人的生活方式和价值取向。

1934年，西方学者威尔斯博士（Dr. Wales）在克拉地

第40页、第41页　希瓦楞（Shiva Linga）和约尼（Yuni）。对男性生殖器希瓦楞（也称林伽）和女性生殖器约尼的崇拜，反映早期人类的生殖崇拜，也体现了对婆罗门教的信仰。湿婆（Shiva）是婆罗门教的三大神祇之一，是创造之神，亦是破坏之神。

第40页（左上） 希瓦楞。现藏于乌通（U Thong）国家博物馆。
第40页（右上） 希瓦楞插入约尼之中。现藏于宋卡国家博物馆。
第40页（下） 约尼。现藏于洛坤（那空是贪玛叻旧称）国家博物馆。
第41页 被雕刻有神像的希瓦楞。现藏于曼谷国家博物馆。

峡西岸达瓜巴（Takua Pa）发现3尊印度婆罗门教的神像，被包裹在一株大树之中，为公元7—8世纪的作品。是印度婆罗门教传入东南亚地区的物证。

如今，我们在泰国随处可以见到对男性生殖器——希瓦楞的崇拜。生殖器崇拜是早期人类社会普遍存在的一种文化形态，它反映了在生产力低下的情况下，人类对自身的再生产过程的迷惘和困惑，经过宗教的加工诠释，从而成为一种信仰或文化形态。这种生殖崇拜与婆罗门教有很深的渊源。因为婆罗门教的最高神祇湿婆就是以希瓦楞的形式出现的。

毗湿奴（Vishnu）是婆罗门教的另一位神祇，经常被塑造为一位体形完美匀称的年轻人，戴着圆桶状的高帽，赤膊上身，下着干幔，有四只或六只手臂，分别拿着权杖、法轮、一根棍、一个球或一朵莲花等法器。

婆罗贺摩（Brahma）是婆罗门教的创造之神，他创造了世界上的一切。他有四张脸，后来演变成佛教的四面佛。

婆罗门教在泰国留下了许多高棉式的宗教建筑，如武里南（Buriram）府的帕侬诺（Phnom Rung）石宫，柯叻（Korat，那空叻差是玛旧称）府的披迈（Phimai）石宫等。石宫是当地华人对高棉式古建筑的习惯称呼，高棉语称之

第42页　婆罗贺摩（也称大梵天神）。他是婆罗门教的最高神祇，比地球、人类和所有神祇的出现还要早，是一切事物的创造者。他头上有四张面孔，分别朝向东南西北四面。佛教兴起以后，他被当作四面佛崇拜。现藏于曼谷国家博物馆。

第43页　菩提树 (Pippala)。梵名毕钵罗树，因佛祖在这棵树下觉悟得道，而“菩提”是“觉悟”的意思，故称毕钵罗树为菩提树。公元1世纪之前没有佛像，信徒们都是以象征的方式来表现佛的形象。现藏于曼谷国家博物馆。

为“巴刹”（Brasat）。已故华人作家黄病佛在《锦绣泰国》中介绍披迈石宫时说：“披迈石宫的用途，为政府官邸与孔族所崇奉的婆罗门教庙宇。”这些建筑，与柬埔寨吴哥寺的建筑一模一样。

早期婆罗门教的塔和庙是分不开的，塔就是庙，庙即是塔。后来泰人模仿其式样建成高棉式的塔，称为“巴朗”（Brang）。这种塔的上端犹如一个玉米，或者说像一个菠萝。它跟泰国称为“斋滴”（Chaidi）的佛塔有明显的区别。公元9—11世纪高棉族的真腊国十分强盛，泰东北地区皆在其统治之下，故留下许多“巴朗”式塔。后普及全泰国。

中国古籍中保存着许多古代婆罗门教在东南亚和泰国地区传播的记载：

《晋书》卷97：“时有外国人（印度人）混溃者，先事神（婆罗门教），梦神赐之弓，又教载舶入海。”混填（《南齐书》和《梁书》等史书均将混溃为混填）用神弓征服了扶南国，娶扶南女王柳叶为妻，是第一个把婆罗门教传入东南亚的人，时间约在公元前1世纪。

公元4世纪一位名叫憍陈如的印度婆罗门当上了扶南的国王。《梁书》卷54：“其后王憍陈如，本天竺婆罗门也。……复改制度，用天竺法。”

公元7世纪唐朝杜佑《通典》卷188“扶南”条：“其国人……居不穿井，数十家共一池引汲之。俗事天神，天神以铜为像，二面者四手，四面者八手，手各有所持。或小儿，或鸟兽，或日月。”

竺芝《扶南记》：“顿逊国属扶南国，主名昆仑。国有天竺胡五百家，两佛图（佛塔），天竺婆罗门千余人。”顿逊国在今缅甸德林达依（Tanintharyi，旧名丹那沙林）。竺芝是5世纪中叶人。

杜佑《通典》卷188“盘盘国”条：“又其国多有婆罗门，自天竺来，就王乞财物，王甚重之。”盘盘国在今泰

第44页、第45页　木雕佛像。木雕工艺以泰北和泰东北工匠最为出色。这两幅兰那泰的木雕佛像，形象生动，雕工精湛，用于寺庙建筑装饰。现藏于曼谷国家博物馆。

第46—47页　金刚力士。金刚力士在佛教中叫那罗延 (Nryana)，乃具有大力之印度古神，意译为坚固力士、金刚力士。亦被婆罗门教视为毗湿奴之异名。他性格刚烈、脾气暴躁、孔武有力、疾恶如仇。为了教化众生，他表现出金刚怒目的样子，让人看了畏惧，因而不敢起妄念。两图均为堕罗钵底时期的陶制造型。现藏于曼谷国家博物馆。

第48页　泥塑佛牌。佛陀在给其妻讲经。现藏于乌通国家博物馆。
第49页　泥塑头像。猴王哈奴曼。现藏于乌通国家博物馆。

第50页、第51页　毗湿奴。婆罗门教的创造和保护之神。第50页的神像为素攀府一座名为 Wat Khao Phra 的佛寺内供奉的婆罗门教神像。第51页的神像现藏于宋卡国家博物馆。

第52页（左） 毗湿奴铜像。现藏于宋卡国家博物馆。
第52—53页 舞王湿婆铜像。现藏于洛坤国家博物馆。
第53页（右） 佛陀铜像。现藏于乌通国家博物馆。

第54页（左） 站在莲花座上的毗湿奴。现藏于曼谷国家博物馆。
第54页（右） 象神。泰语称为帕卡乃（Pra Pikanate）。帕卡乃是湿婆与其妻帕尔瓦蒂所生之子。一日母亲沐浴，命儿子守卫家门，不准外人进来。适逢湿婆回家，其子不识，发生争斗，帕卡乃被斩首。帕尔瓦蒂大恸，湿婆命随从将他遇见的第一个人头拿来换，随从出门遇见象，便将象头安在帕卡乃身上。现藏于曼谷国家博物馆。
第55页（左） 四臂毗湿奴。现藏于曼谷国家博物馆。
第55页（右） 镀金佛像。现藏于洛坤国家博物馆。

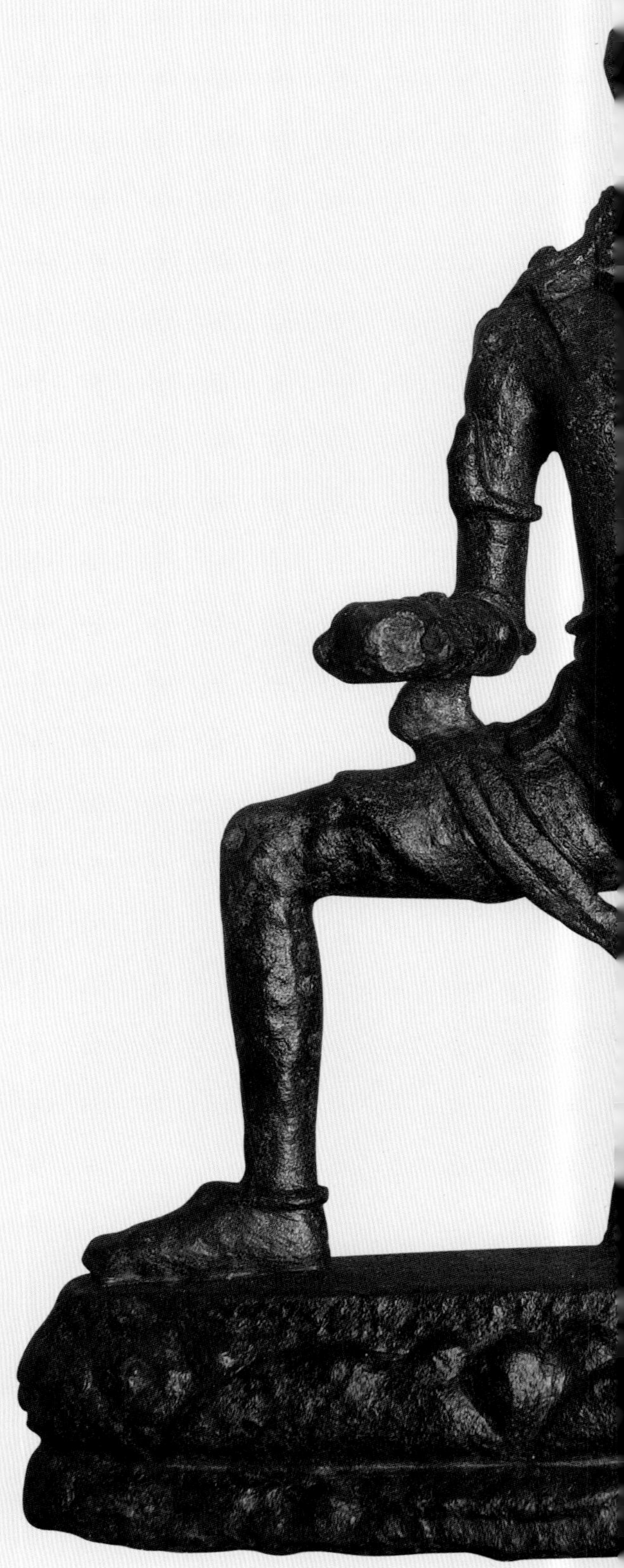

第56页（左） 多头多臂毗湿奴。现藏于宋卡国家博物馆。
第56—57页 两臂毗湿奴。现藏于宋卡国家博物馆。
第57页（右） 四臂毗湿奴。现藏于宋卡国家博物馆。

第58页　金佛像。堕罗钵底时期的金佛像，它清晰的细节显示了古老的技能。现藏于乌通国家博物馆。
第59页　金挂件。现藏于乌通国家博物馆。

第60页 赛玛。它是用作划定神圣区域的界碑。凡是用赛玛围起来的地界，都是神圣的地方，诸如婆罗门教神庙、佛寺、佛塔所占的地盘。提醒寻常人等，不得随意闯入。赛玛通常制成莲花瓣形，因其代表神圣之物，故受人崇敬，贴以金箔，受人膜拜。
第61页 镀金佛像。现藏于素叻他尼国家博物馆。

国素叻他尼。

《通典》卷188“赤土”条：“其俗敬佛，尤重婆罗门。”赤土国在今泰国宋卡。

林邑国位于扶南与交趾之间。《南齐书》卷58林邑传：“谓师君为婆罗门。”就是说，婆罗门当国王的老师。

《通典》卷188“丹丹”条：“王每晨夕二时临朝。其大臣八人，号曰八座，并以婆罗门为之。”丹丹国的八位决策大臣皆是婆罗门。丹丹国在现今马来半岛的吉兰丹（Kelantan）。

可见，婆罗门教对东南亚和泰国影响深远，时至今日在泰国随处皆可见婆罗门教遗址及影响的痕迹：

位于曼谷佯叮唆（Dinso）路268号的婆罗门神庙，建于1784年，至今香火鼎盛，人头攒动。

高达数十米的秋千架，别以为这仅仅是荡秋千的工具，其实这是婆罗门举行恭迎天王到人间的仪式时使用的。荡秋千的风俗，实起源于婆罗门教，后流行于中国、朝鲜、韩国、日本等地，这是大家始料未及的事情。

现今泰国流行的许多风俗和节假日，如水灯节、泼水节等，就跟婆罗门教有关。就连国王的封号——拉玛一世到九世的“拉玛”（Rama），也是来自印度史诗《罗摩衍那》中的“罗摩”。每位国王登基，都遵循婆罗门教的仪式。每年春耕时节，国王都要亲自把犁，在王家田广场进行农耕演示。就连泰国的国徽，也是毗湿奴的坐骑大鹏金翅鸟。足见婆罗门教对泰国的深远影响。

根据婆罗门教的教义，释迦牟尼是毗湿奴的第九世转生，所以在婆罗门神庙中亦供释迦牟尼佛像。而泰国佛寺的山墙上，也有骑着大鹏金翅鸟的毗湿奴神像。泰国的婆罗门教与佛教，你中有我，我中有你，互不排斥，相处融洽。

第62—63页　卧佛。它位于素攀府一座名叫Wat Khao Phra的古老佛寺内。

第64—65页　卧佛局部。“往佛脸上贴金”，意即给佛增添脸面和光彩。贴金是泰国的一种宗教艺术手段，符合泰人的艺术欣赏情趣。贴金工艺还广泛应用于衣服、装饰物、建筑物，目的是提高艺术品的身价，使其金碧辉煌。金箔应是百分之百的纯金，一张跟一张压着贴，不能露出接缝。

二、佛光普照泰国

佛教跟随婆罗门教传入泰国，开启了佛光普照泰国的新时代。

佛教主张“众生平等”、人人皆可“立地成佛”，使其具备了取代等级森严的婆罗门教的优势。一时间佛教信徒远远超过婆罗门教。

公元前3世纪印度阿育王派高僧到金邻国弘法，被视为佛教传入泰国之始；坐落在泰国中部的佛统大金塔，则是佛教最早传入泰国地区的标识。据说，这座塔建于公元前287年。我们现在看到的佛统大金塔，是曼谷王朝拉玛四世下令重新修建的。他为了保存文物古迹，命令先复制一座原塔，放在现今的佛统大金塔南面，然后在原塔的外面再建一座锡兰（Ceilán，斯里兰卡的旧称）式的大塔，把原塔包裹在其中。这项工程于1853年动工，直到拉玛五世（Rama V，1868—1910年在位）时的1870年才竣工。重修的佛统大金塔高达120米，巍峨雄伟，美轮美奂，几里之外，人们便可瞻见塔尖，聆听到塔上风铃传来的梵音，仿佛在娓娓叙说佛教传入泰国的悠久历史。

大金塔旁的博物馆，收藏着堕罗钵底国早期的文物——石刻法轮。法轮在很长一段历史时期内是佛像的代表。佛像造型究竟始于何时众说纷纭，其中有一种传说认为佛在世时就开始有了佛像的制作。但是，学者们认为，佛在世时不可能为佛造像。因为《十诵律》规定：“佛身不应作。”这是小乘佛教的金科玉律，不敢轻易破戒。信徒们认为，佛是精神超人，具备32相80种好，不可以造像表现。相当长一段时间，信徒们都是以象征的方式来表现佛的形象，如以大象表示佛的诞生，马表示出家，座表示降魔，菩提树表示成道，法轮表示说法，塔表示涅槃。

佛像大约出现于公元1世纪前后，即印度的贵霜

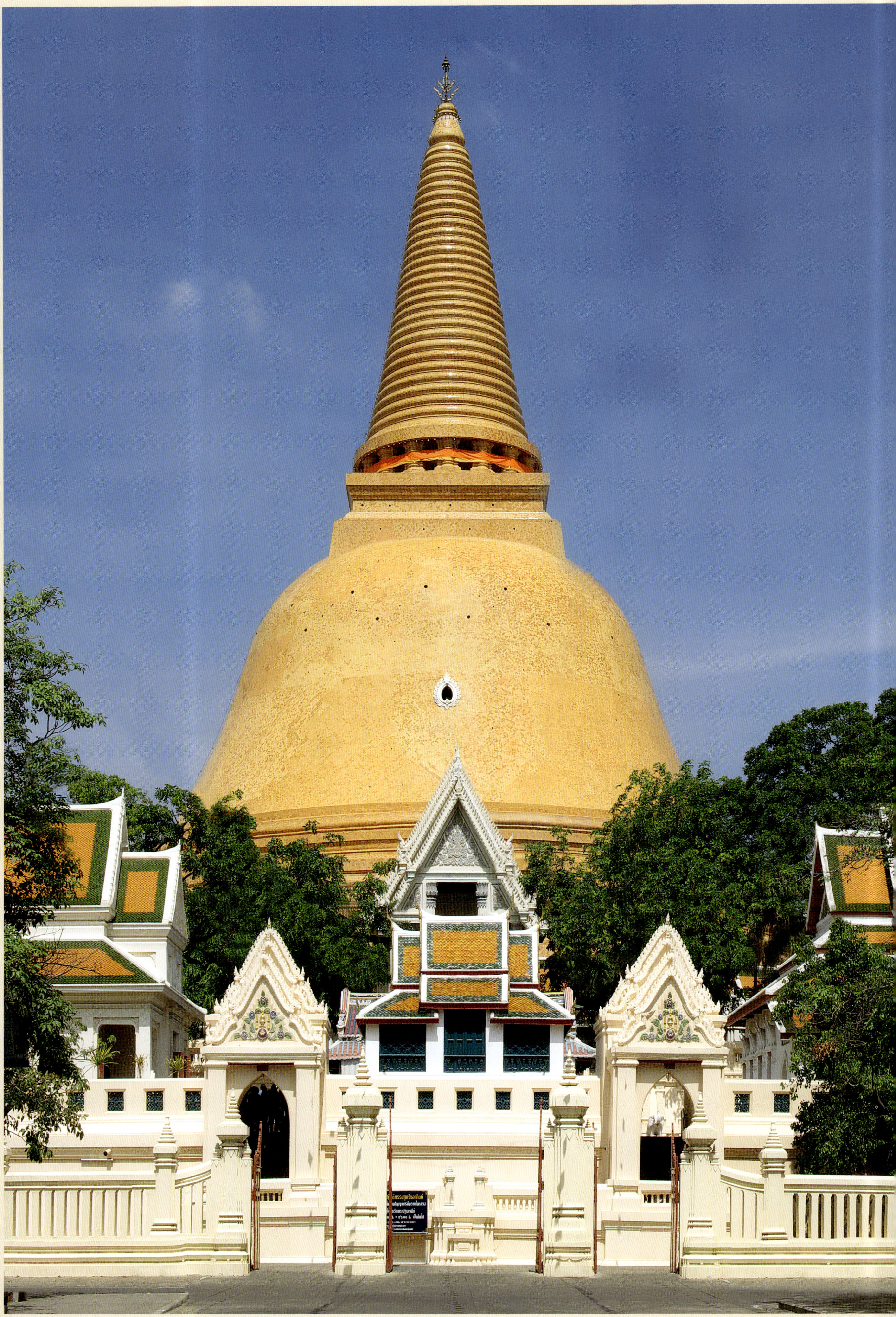

第68页 佛统大金塔。泰国最古老的塔，是佛教传入泰国地区的标识。现在所见的大金塔是拉玛四世（Rama Ⅳ，1851—1868年在位）重建。
第69页 吉篾式塔。柬埔寨语将真腊时期的建筑称之为“巴刹”，原是婆罗门教的庙宇，后泰人模仿其主塔建为“巴朗”。

短而隆起的火焰，眼帘下垂，两眉相连。袈裟轻薄透明，凸显了身体的线条美。

三佛齐佛像

佛像的额头圆而光滑，没有螺状的发髻，前额饰做成菩提树叶形或花边形。所穿的袈裟宽大，衣褶整齐。内层僧衣在胸前重重折叠，系以束胸带。内层僧衣和外层袈裟一样，是用一块大布折叠而成，未经缝纫制成衣裳。佛头上的大智印如火焰状。

真腊佛像

最早一尊佛像是在四色菊（Sisaket）府发现的，公元6世纪的作品，头和手臂已遭损害，只留下身躯。体型硕健，上身赤裸，下身袭一筒裙，一如吉篾族装扮。接下来发现的是一组青铜浇铸的菩萨像，年代大约在公元7—8世纪，发现于武里南府巴空猜（Prakhon Chai）县。菩萨是大乘教派供奉的神，仅次于佛。小乘教派不供菩萨。公元11—12世纪真腊流行小乘佛教，故以佛像为主。一尊那伽（Naga）护顶的佛像，堪称这一时期佛像艺术的代表。佛的面部表情比较严肃，面庞如吉篾族的方脸，螺髻状的髻发像一顶王冠，头顶上的椎状火焰变成了王冠的饰件。佛结跏趺坐于盘卷起来的蛇身上，七头的那伽像轮盘一样遮住佛头。在华富里发现的12世纪以后的佛像，在额头发际的边沿都有一条凸边，头发梳成髻；由三层重叠的莲

第70页、第71页 法 轮。法轮运转，表示说法。这是公元6—7世纪堕罗钵底时期的法轮，现藏于乌通国家博物馆。

花瓣形成头顶的环，其光芒呈小玻璃球状；嘴角微笑，斜披袈裟，袈裟的边裁成直线。佛盘腿坐在莲花座上。

素可泰佛像

素可泰王朝时期的佛像一般具有如下特征：佛头上有火焰状光芒，发髻较小，鸭蛋型的脸，柳叶状的眉，鹰钩鼻，嘴带微笑，手臂如象鼻，四根手指差不多一样长。其代表作是一尊姗姗而行的青铜塑像，它把佛陀行走时的潇洒姿态，轻盈的步伐，表现得十分完美。

西春（Si Chun）寺的佛像是一尊泥塑巨型坐像，被素可泰时期的碑铭称为“不可动摇之佛”。最初的设计是将佛像置于露天明亮透光处。后来有人建了一个尖顶的宫殿式建筑，把佛像围入其中。为了让人看得见佛像，工匠在正面墙壁上开了一个大孔，这样，人们从很远的地方便可望见佛端坐在宫殿中，微睁双目，面带微笑，一副安然慈祥

第72页、第73页　佛脚印。脚掌上的图案表示佛祖真身的108个吉运特征。这是在素攀府一座名为 Wat Khao Phra 的古老佛寺内珍藏的佛脚印，是泰国仅存的佛陀木足印。
第74页、第75页　嵌入贝壳的木雕脚印。现藏于清迈国家博物馆。

第76—77页、第78—79页　众生佛。在佛像制作过程中，信众根据自己所属民族的相貌改变佛的形象，不仅适合他们的民族心理习惯，也符合佛教的信条。佛教认为，佛就是觉悟者，人皆可以成佛。因此，泰国堕罗钵底时期的这组泥塑佛像，相貌不同，发式各异，完全是根据现实生活中的芸芸众生塑造的，可以称为众生佛。现藏于佛统国家博物馆。

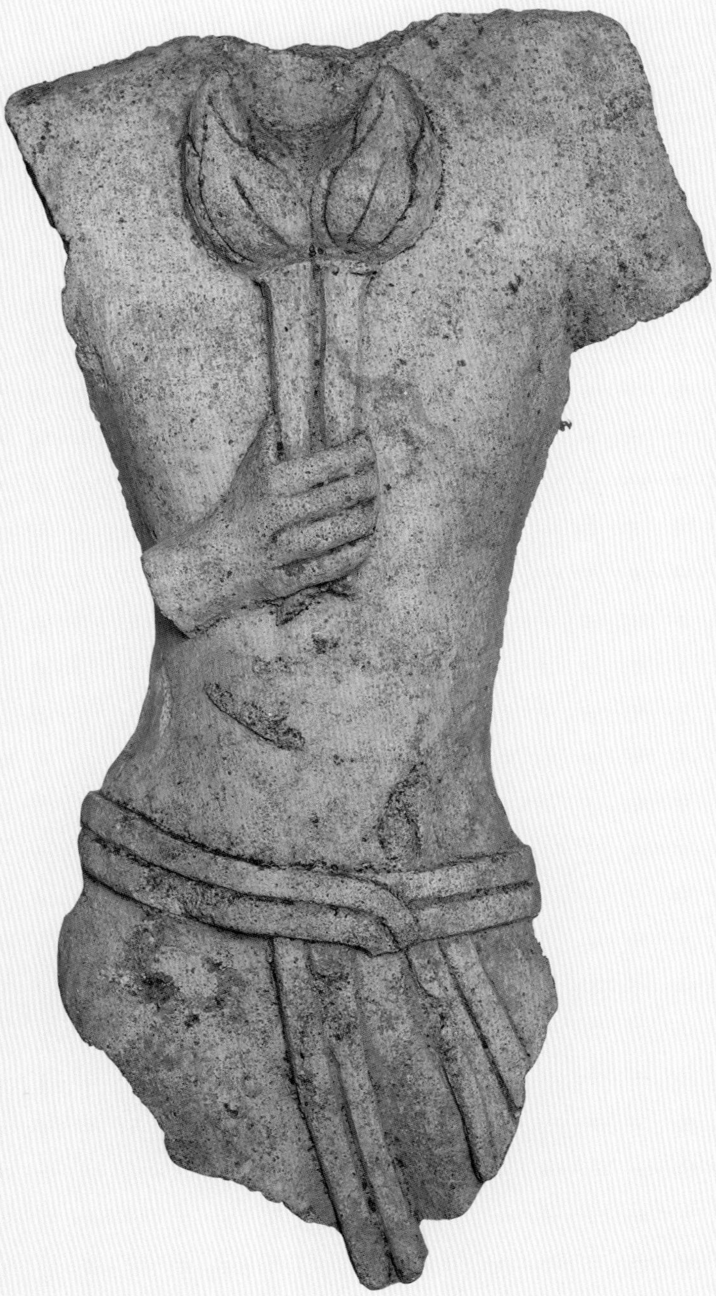

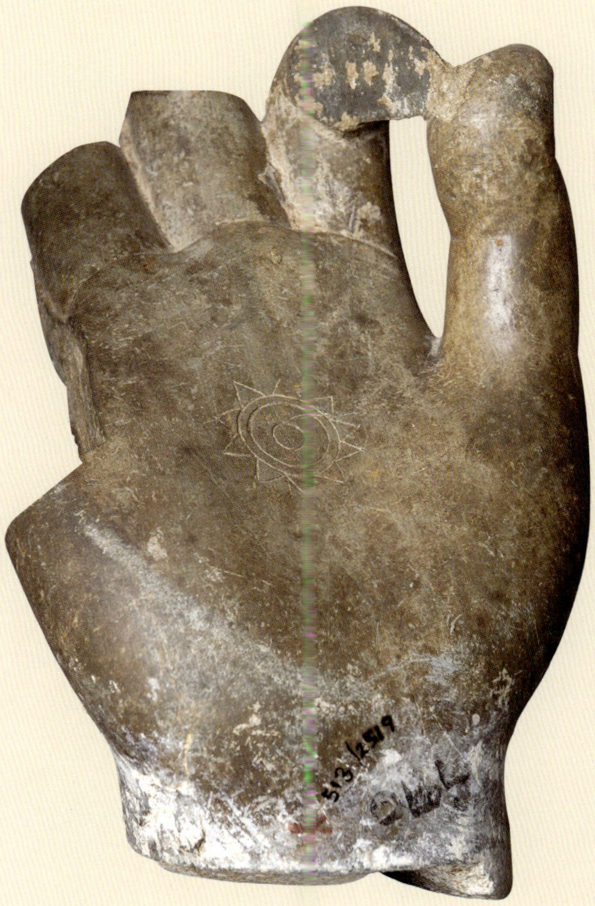

的样子，同时又透出自信自在、无私无畏的气概。这是素可泰王朝时期佛像的经典之作。

玛哈泰（Mahathat）寺中央塔的塔座上，用泥灰塑了一排行走的佛，双手合十，列队跣足，颇有动感，使人看到佛孜孜不倦，忙于教化民众的神态。它是素可泰王朝时期的佛像杰作。

兰那泰佛像

兰那泰佛像制作的特点是体型不太丰腴，不像南印度马朱拉地区制作的佛像那样健硕。兰那泰佛像常制成坐佛，用青铜浇铸，也有用玉石、翡翠或彩色石头雕琢的，少见泥灰或铁矾土的塑像。泰国的传世国宝碧玉佛就是这段时期的作品。

阿瑜陀耶佛像

王朝初期的佛像受素可泰和吉篾（真腊）佛像制作的影响较深，从拉玛铁菩提二世（Ramathibodi Ⅱ，1491—1529年在位）起，才真正形成阿瑜陀耶佛像的艺术风格。这段时期泥塑佛像的造型艺术出现了大飞跃，即出现了称为“君王形”的佛像。这种佛像按人间君王样式穿着打扮，头戴王冠，佩戴装饰品。出现这种现象的原因是吉篾的君王自诩是因陀罗神转世，阿瑜陀耶的国王也向吉篾国王学

第80页（左） 堕罗钵底石佛。公元7—13世纪，现藏于佛统国家博物馆。

第80页（右） 堕罗钵底青铜佛。公元7—13世纪，现藏于佛统国家博物馆。

第81页（左） 毗湿奴青铜像。公元13世纪，现藏于曼谷国家博物馆。

第81页（右） 毗湿奴残像。公元13世纪，现藏于素叻他尼国家博物馆。

习，自称是佛陀下凡，本意是使神权与君权合二为一，结果却带来佛像装饰上的华丽变化。

阿瑜陀耶时期的佛像以气势恢宏而著称。一尊端坐在蓝天白云下的佛像，若腾空而起，会令人产生无限的遐想。

阿瑜陀耶城郊的銮抱多佛像，以体型硕大闻名，铸于1324年，是泰国最大的一尊金属铸佛。一个正常人的身高还没有这尊佛的一根手指长。每当给大佛换袈裟时，工匠们需架以数层楼高的扶梯。这尊佛现存帕南车（Phanancheng）寺，华人称为三宝公庙，以纪念明朝七下西洋的三宝太监郑和。

曼谷王朝佛像

佛像的制作从4个方面汲取营养，即阿瑜陀耶、素可泰、中国、西方，最终形成了真正的曼谷王朝的制作方式。

仅从造型艺术方面分析，曼谷王朝佛像制作明显朝平民化方向发展，尽管依然保持佛像的一些基本特征，比如佛头顶上的光芒，头发盘成结，耳垂长等，但是佛像身体的肌肉、脸庞、双脚却像常人，身上穿的袈裟的皱褶好像是被风吹皱一样，表现出一种自然美。

泰国的佛像制作大概始于公元6世纪，经历了堕罗钵

第82页　素可泰时期佛像。公元13世纪，现藏于清迈国家博物馆。
第83页（左）　真腊时期佛像。公元12世纪，现藏于清迈国家博物馆。
第83页（右）　三佛齐时期佛像。公元7—14世纪，现藏于曼谷国家博物馆。

底时期、三佛齐时期、真腊时期、素可泰王朝时期、兰那泰时期、阿瑜陀耶王朝时期、曼谷王朝时期，历时1500多年，在汲取印度佛像艺术营养的基础上，融入孟族、吉篾族和泰族的民族特色，最终形成泰国自己的佛像艺术风格。佛像的制作材料，从最初的泥灰、铁矾土，逐渐发展为石雕、木雕、青铜浇铸；从贴金演变为纯金；从石雕提升为玉雕。制作的材料越来越珍贵，反映出对佛像的重视程度在不断提高。佛像的体积也由小变大，以至发展为超大，彰显佛的伟大。从佛像的造型来看，不同时期不同地区的佛像都有自己的个性和特点，但都遵循着一条朝着人性化、平民化发展的道路。泰国的佛像不像婆罗门教的神祇那样有三头六臂，显示超人的神通；也不像中国的佛像有面貌狰狞、圆睁怒目的金刚，让人感到恐怖。泰国的佛像总是面带微笑，和蔼可亲。泰国人乐善好施，性格平和，不喜争斗，与人为善，嘴角边总挂着泰国式的微笑。泰国佛像的造型正是体现了泰国的国民性。佛性就是人性。佛是天上的人，人是地上的佛，这与“人皆可以成佛”的佛教教义相吻合。

佛教创立以后，以佛陀为中心和围绕在他身边的数名弟子组成的僧团，首先必须解决的问题离不开衣、食、住、行四样。衣，穿的是僧衣，印度气候炎热，一袭黄布裹在身上即成袈裟；食，吃的是素食，十分简单，随处皆可化缘；行，光着脚丫子走路，赤足跣行；唯有住的问题较难解决，僧侣认为自己是出家人，不能总住在寻常百姓家，于是，鹿野苑（Sārnāth）成了他们最初的住所，被称为精舍（梵音 Vihara），又称伽蓝。精舍是一个中国化的称

谓，初指儒家讲学之地，后指僧侣修行的住所。伽蓝，又译僧伽蓝，是梵语“僧伽蓝摩（Samgharama）”的简称。这就是佛教寺院的滥觞。到了后来，一座完整的寺院建筑必须具备7个组成部分，称为七堂伽蓝，即包括佛殿、佛塔、经堂、藏经楼、僧舍、斋堂、钟楼。佛寺是早于佛像的，佛陀在世时便有佛寺了。

佛陀时代的鹿野苑究竟是什么模样今天已不可得知。好在公元7世纪玄奘到印度留学的时候，曾亲眼见到了当时的鹿野苑，《大唐大慈恩寺三藏法师传》说：“渡婆罗痆斯河东北行十余里，至鹿野伽蓝，台观连云，长廊四合。僧徒一千五百人，学小乘正量部。大院内有精舍，高百余尺，石阶砖龛，层级百数，皆隐起黄金佛像。室中有鍮石佛像。量等如来身，作转法轮状。精舍东南有石窣堵波，无忧王（即阿育王）所建，高百余尺。前有石柱，高七十余尺，是佛初转法轮处。”正如玄奘所言，公元7世纪的鹿野苑伽蓝已经发展得规模宏大，可供1500名僧侣住宿。精舍高百余尺，高大宽敞。砖石砌的佛龛，供奉着石佛像和金佛像。室内有一尊真人大小的如来佛像，摆出初转法轮的姿势。精舍东南有一座阿育王建的佛塔，高百余尺。塔前有一石柱，就是佛陀初转法轮的地方。

印度历史上的第一座伽蓝是由摩揭陀国王频毗沙罗（Bimbisara）王布施建造的，为精舍式僧伽，包括佛殿、佛塔和僧寮，是印度佛寺之滥觞。

泰国是南传佛教的一个重要据点，泰国的佛寺不可避免地加入了泰国传统的建筑元素——干栏式建筑。人类的始祖居住形式不外乎两类：一类是巢居，像鸟雀一样在树上筑巢，后来演变为干栏式的高脚屋；另一类为穴居，利用天然山洞，或掘穴而居，有如走兽，后来演变为窑洞和地面上的房屋。晋人张华的《博物志》说：“南越巢居，北朔穴居，避寒暑也。”巢居和穴居代表着两种不同的文化源流，以后发展为两种不同的建筑风格和样式。巢居演变为高脚屋或建在高台基上的建筑；穴居演变为山洞、石窟或地面上的建筑。

泰国的寺庙从一开始就打上干栏式建筑的烙印。泰北兰那泰的寺庙，至今仍保持高脚屋的形状，一如中国云南西双版纳地区的寺庙。泰国中部和南部的佛寺，都建在一个高台上，亦是从干栏式建筑演变而来，其优点是，雨季时佛寺不会被水淹。兰那泰的寺庙以清迈的斋滴銮（Chedi

第84页（左） 素可泰时期佛头。公元13世纪，现藏于曼谷国家博物馆。
第84页（右） 兰那泰时期佛头。公元12世纪，现藏于清迈国家博物馆。
第85页 素可泰时期佛头。公元13世纪，现藏于曼谷国家博物馆。

Luang）寺为代表。

泰国的寺庙一般由两大建筑组成：佛殿和佛堂。佛殿是供奉佛像和举行宗教仪式的场所，佛堂则是僧侣修行和憩息的地方。然而，根据素可泰王朝初期的碑铭及佛寺遗址显示，素可泰王朝时期只有佛殿，而没有佛堂。佛龛置于正中央，位于中轴线上，前面是舍利塔。这种建筑样式是从锡兰引进的。后来出现了佛堂，它常被置于佛寺的边沿，规模也不大，仅够21位僧侣操办佛事。佛殿或佛堂皆用砖砌，抹以泥灰。狭窄的窗户排列于墙上。木制的屋顶上面装饰着陶瓷做的龙凤角。素可泰王朝时期的佛寺因为系木质的屋顶，所以大多已被毁坏，现今只能看到石柱、佛像和佛塔的遗迹。

阿瑜陀耶王朝时期佛寺的一大变化是佛堂变得比素可泰王朝时期重要多了。佛堂建得跟佛殿一般大，位置也挪到前面比较重要的地方。这时，工匠们开始建造讲经堂。从颂昙王（Songtham，1620—1628年在位）起佛堂也在墙上凿窗户，窗户由小变大，还安了可以关闭的窗门。佛

第86—87页　佛寺模型。佛寺是佛祖及僧侣的住所。泰国的佛寺加入了泰国传统的建筑元素，这就是干栏式建筑。图中所示模型，充分展示了泰国佛寺的特点。现藏于清迈国家博物馆。

堂窗门是精美的工艺品，上面有描金花纹、玻璃碎片装饰和漂亮的窗拱。佛堂的前、后两面有伸出来的棚楼。柱子有圆柱、八角柱或四方柱，柱的顶端为层层重叠的莲花瓣。山墙上喜欢镌刻毗湿奴和他的坐骑大鹏金翅鸟，后又流行绘画一些色彩鲜艳的树木。佛堂的基座常建成两端上翘的船型。

到了曼谷王朝初期，寺庙建筑皆仿照阿瑜陀耶王朝时期的式样，连建筑物的名称都沿袭过去。佛殿、佛堂的基座亦建为船型，寓意像帆船一样驶离苦海，从而达到涅槃的彼岸。曼谷王朝初期的寺庙建筑，明显地表现了统治者力求保存各种传统文化风俗，并在原有的基础上有所发展的意图。这段时期建的佛寺，除了佛殿（僧侣聚会之地）、佛堂（举行宗教仪式的场所），还增添了经堂（居士们诵经之所）、藏经阁、钟楼、僧寮和佛塔，明显受中国七堂伽蓝建筑样式的影响。大批华人工匠参加了泰国许多著名寺庙的修建。拉玛一世至拉玛三世时期建筑的寺庙，为中泰建筑艺术的融合。拉玛五世以后，渐渐接受了西方建筑的影响。

从古至今，泰国人在修建寺庙方面表现出来的极大热情，是其他国家、地区所无法比拟的。正如《新元史》“八百媳妇”条所说：“每村立一寺，每寺建塔，约以万计。”《海国图志》卷七“暹罗”条亦说：“（暹罗）尊奉印度佛教，凡事苟且节俭，惟修建寺宇，则穷极华靡。”《明史》暹罗传说：“富贵者尤敬佛，百金之产，即以其半施

第88—89页　兰那泰佛寺。
第90页　清迈帕辛寺。
第91页　佛寺前的佛像。
第92—93页　清迈帕辛寺。
第93页（上、下）　寺壁的浮雕。

之。”出现这样的情况，须从佛教的教义中寻找原因。佛教把布施视为第一大善举，《上品大戒经·校量功德品》说：“施佛塔庙，得千倍报；布施沙门，得百倍报。”原来捐款建庙，可以得到千倍的福报，比做任何善事的福报都多。一般信众都把信佛做善事当作对来世的储蓄和投资，今世行善，来世收益；投资愈多，收益愈丰。在此精神动力的感召下，寺庙有如春笋般破土而出。

佛塔跟佛寺一样属于建筑艺术的范畴。不同的是，佛塔出现比佛寺晚，佛塔是伴随佛祖涅槃才出现的，佛塔是保存佛舍利的坟冢。塔梵名 Stupa，汉译窣堵坡，原意为坟冢上的建筑物。虽然印度早在吠陀时期就出现窣堵坡这个词，但窣堵坡只有在跟佛结缘后才变成现代意义的佛塔。锡兰称佛塔为 dagoda，其义为安奉舍利之场所。缅甸称塔为 pagoda，大概从锡兰的 dagoda 而来，中文通

译大瓜巴。泰国则称塔为 chaidi，音译为斋滴，可能是从 chaitya（支提）而来，因古代锡兰称围绕着主塔的小塔为支提。西藏的喇嘛塔称为 chorten，汉译乔尔天。日本的塔属于北传佛教，通称窣堵婆或塔婆，源于窣堵坡。佛塔从印度分别向南、向北传播，其造型千变万化，呈现出千姿百态，但万变不离其宗，皆由5个部分组成：

1．台，又称台基，或方或圆，是塔的基座。

2．覆钵，又称覆钟，台基上面的半球部分，状如倒翻的钵或钟。

3．平头，亦称宝座，置于覆钵上的方箱形建筑。周围绕以栏楯。后世常于平头周围造龛，安置佛像。

4．竿，用以标示此是圣地。

5．伞，即华盖，建于塔顶，数目从一重至十三重，数目多寡标示悟道深浅。

第94—95页　素叻他尼府的帕波罗麻它佛堂（Wat Phra Boromathat Chaiya Rat Worawihan）。泰国的寺庙一般由佛殿和佛堂两大建筑组成。佛殿是举行宗教仪式的场所，佛堂是僧侣聚会之地。

根据佛教经典的规定，塔分为4类：

1．舍利塔，用来存放佛骨舍利或国王、高僧的骨灰。

2．纪念性塔，建在佛诞生处、悟道处、初转法轮处和涅槃处。

3．藏经塔，收藏三藏经典和宣扬苦、集、灭、道四圣谛。

4．奉献的塔，用以奉献给佛祖，没有规定要建成统一式样，比如，可以建一个佛座代表佛祖。

另外，也可以根据塔的地位、作用、外观、形状来分类。

塔根据其地位和作用，分为主塔和副塔、列塔。主塔是一座寺里最重要的塔，规模比同一寺里的其他塔都大，地位突出，以它为主；副塔是主塔四周的小塔，是主塔的陪衬；列塔散布在主塔周围，距离主塔的位置较远，不如

第96—97页　三佛齐佛塔。它是大乘教派的佛塔代表，此塔为素叻他尼府差也城的三佛齐佛塔。第98—99页　清迈斋滴銮寺的舍利塔。此塔为兰那泰佛塔的代表。

小塔跟主塔那般亲密。根据塔的外观和形状，则可以分为覆钵式塔（覆钟式塔）、方形塔、八角式塔和宫殿式塔。

塔的建筑材料因地制宜，有木塔、砖塔、铁塔等。泰国常见的塔是用铁矾土或砖砌成，外面涂泥灰。小塔也有用陶瓷或青铜制成。

泰国的塔可以分为堕罗钵底、三佛齐、真腊（吉篾）、兰那泰、素可泰、阿瑜陀耶和曼谷王朝等不同时期的塔。各个时期修建的塔，既有传承关系，又有明显个性，并凸显出时代和地方特点。

堕罗钵底佛塔以佛统大金塔为代表，是佛教传入佛统地区的标识。在佛统博物馆里，摆放着一些早期堕罗钵底式的佛塔，用铁矾土制成，虽然简陋粗糙，却有一种古朴之美。

三佛齐佛塔以素叻他尼府差也城的帕波罗麻它佛塔为代表，大约建于公元757年，属大乘教派。该塔除塔顶坍塌重修过外，基本保持旧貌。从埋在地下的塔基至塔顶高24米，建在一个近似四方形的基座上。从外面看，塔檐分为3层，向上依次缩小。每层有8座模拟小塔，计24座。莲花瓣形的塔颈之上，是一个八角形的覆钟。覆钟的上面是宝座和塔尖。原来的塔尖是银的。塔尖上端是金华盖，共3层，银制包金，重82铢3沙楞 / 1230.75克（1铢重15克，等于4沙楞）。原件被盗。1938年寺方用镀金代替，现在由国家出资制纯金华盖放置上面。该塔被列为全国重点文物保护单位。

吉篾式塔是真腊时期留下的建筑，柬埔寨语称之为“巴刹”，原是婆罗门教的庙宇，后泰人模仿其主塔建为“巴朗”。这种“巴朗”塔和泰人称作“斋滴”的佛塔有明显不同，其塔的上截有如一玉米棒，或者说像一个菠萝。

兰那泰佛塔受印度的影响很深，以清盛柚木寺的佛塔为代表。塔的底座呈四方形，并层层向上叠起。底座的四面有拱形佛龛，佛龛里供有佛像。作为塔身的方箱四周亦有佛龛和佛像。唯有塔尖变为圆锥形，直指云端。

清迈斋滴銮寺的舍利塔，是兰那泰佛塔的另一类代表。此塔高98米，宽54米，建于1481年，在1545年的地震中塔尖被震毁，只剩下42米高的塔基和首层。尽管斋滴銮寺舍利塔经历了数百年沧桑，阅尽人世兴衰，但是它依然保持伟岸的英姿。

七座宝塔是兰那泰佛塔的精品，坐落在离清迈城4000米的柴右（Chet Yot）寺，仿印度菩提伽耶（Phuttakaya）佛塔的建筑结构，又类似藏传佛教的金刚塔。四方形塔座上建有7座小塔，塔座四周有一连串的佛像，其端庄稳重，造型奇特。

素可泰佛塔是一种名叫饭团花球的佛塔，或者叫莲花形佛塔，因为塔的上部犹如一朵饭团花或莲花。

阿瑜陀耶佛塔以吉篾式的“巴朗”最为常见，还有方楞式塔，以后又流行锡兰的覆钵式塔。最著名的覆钵式塔是帕希讪派（Phra Sri Sanphet）寺的三塔。波隆摩罗阇三世（Borommarachathirat Ⅲ）1488年即位以后，修了两座塔纪念先王。他逝世后，其子又为他修了一座塔，合称三塔，存放他们的骨灰。三塔曾被盗。泰国艺术厅工作人员从塔底抢救出一些文物。

曼谷王朝佛塔集以往各时期佛塔建筑艺术之大成，创造了五彩缤纷、千姿百态的精品佛塔。其中以大皇宫的佛塔和黎明寺塔最让人称道。大皇宫里荟萃了覆钵式塔、方形塔、八角式塔和宫殿式塔等各式各样的造型，集中了各时期佛塔艺术之精彩，堪称泰国佛塔的博物馆。黎明寺塔又称郑王塔，坐落在曼谷对岸的吞武里（Thon Buri），塔高79米，为吉篾式，塔尖呈杨桃瓣形，塔底有金刚力士托塔，金碧辉煌，灿烂夺目，俨然曼谷的地标，亦是纪念郑王驱缅复国历史的一座丰碑。

佛塔作为佛及僧侣涅槃和圆寂后的永久归宿，其价值在于它的象征意义和纪念性。不同民族、不同时代的人都按照他们的理解方式、价值观念、审美意识来修建佛塔。泰国各个时期修建的佛塔，既有传承关系，又有明显个性，

第100—101页　七座宝塔。这座塔是兰那泰佛塔的精品，坐落在离清迈城4000米的柴右寺。
第101页（右）　塔壁浮雕。
第102—103页　七座宝塔浮雕。

并凸显出时代和地方特点，是泰国佛教艺术的一个亮点。

佛像、佛寺、佛塔构成了佛教艺术的主要内容。所谓佛教艺术，是通过艺术家的劳动和再创造，把要表现的佛教内容及对象加以提炼和升华，将当时流行的审美观、价值观巧妙地融入其中，并打上强烈的时代烙印。佛教艺术的表现力是使佛教直观化、生动化、具体化，从而更具有视觉和精神上的感染力、震撼力和美感。

对佛像、佛寺、佛塔基本知识的了解，是鉴赏佛教艺术的基础。了解的知识愈全面，愈深邃，才愈具备鉴赏能力。

在泰国旅游，满眼所见皆是佛像、佛寺和佛塔，由此，你可以看到泰国历史进程的演义，并进一步看到泰国人的宗教信仰、生活方式、价值取向、风俗习惯、国民性格、政治制度等佛教艺术所包含的人文内涵，从而加深对泰国的了解和认识。为什么佛教在泰国社会生活中占有十分重要的地位？为什么90％以上的泰国民众信仰佛教？为什么佛教、国家和国王是他们精神力量的三根重要支柱？为什么泰国宪法规定泰国国王必须是佛教徒？对这些问题的解答，都包含在泰国佛教艺术的人文内涵中，可以说，不了解佛教艺术，就读不懂泰国文化。

幸福自由的素可泰人（素可泰王朝时期）

史前时期（迄今 6500 年）

前素可泰时期（公元前 1 世纪—公元 13 世纪）

◆ 素可泰王朝时期（1238—1419 年）

阿瑜陀耶王朝时期（1350—1767 年）

吞武里王朝时期（1767—1782 年）

曼谷王朝时期（1782 年至今）

泰国史学界普遍认为，1238年建立的素可泰王朝是泰人建立的第一个国家。在泰语里，“素可”是幸福的意思，“泰”是自由的意思。素可泰人意为幸福自由之人。

素可泰王朝是从高棉人的统治之下获得独立的，当时的社会处于原始部落军事民主向君主专制国家转换的阶段，因此人民感到了前所未有的民主和自由。

素可泰王朝时期，地广人稀，对人口和劳动力的控制要远远胜于对土地的控制。战争的目的，不仅仅在于争夺土地扩大疆域，更重要的是在于争夺财富和劳动力。所以兰甘亨（Ramkhamhaeng）石碑有记载：“当我（指兰甘亨）袭击一个城市或乡村，俘获大象、有身份的青年、少女、金和银时，我都把它们献给我的父亲。”

素可泰王朝时期的社会结构主要由下述几个阶层的人员组成：

“诏”，《蛮书》说：“夷语王为诏。”在泰语里，“诏”不仅是“王”的意思，也有“头人”“主人”之意。“诏”是一个阶层，代表统治阶层，包括国王、官吏和庄园主。

“派”是“诏”的依附民。“派”虽然在名义上保持人身

第104页 素可泰王朝时期佛像。

第106—107页 素可泰王朝时期佛塔与倒塌的大殿。

第108页（左） 素可泰王朝时期青铜佛。现藏于素可泰兰甘亨国家博物馆。

第108页（右） 素可泰王朝时期镀金佛。现藏于素可泰兰甘亨国家博物馆。

第109页 素可泰王朝时期行走佛。它位于素可泰历史公园的遗址内。

第110页、第111页　素可泰时期佛像。这些佛像在头部、发髻、脸型、眉毛、鼻子、手臂、手指等处都有明显的特征。现藏于曼谷国家博物馆。

第 112页　素可泰王朝时期佛头。现藏于素可泰兰甘亨国家博物馆。
第 113页　素可泰王朝时期立佛。现藏于曼谷国家博物馆。

自由，但他们被束缚在土地上，不得随意迁徙，不得变更主人。“派”平时在家种地，战时便要拿起武器，自带干粮，当兵作战。

“子民”（鲁坤），即一般的平民。国王听任子民去开垦荒地，建森林、果园，但子民只有使用权，没有所有权。普天之下的土地，都属于国王所有，所以国王名叫“诏佩丁”（土地的主人）。

商人，兰甘亨石碑说：“国王不向他的子民征收过路钱，他们牵着牛骑着马去卖。谁愿意去做象的买卖，就去做；谁愿意去做马的买卖，就去做；谁愿意去做银和金的买卖，就去做。”说明素可泰时期确实存在商人阶层。由于素可泰人口的绝大多数属于“派”，“派”没有迁徙的自由，故无法经商。商人阶层中多数应是外国侨民，即中国人和印度人。

财主阶层，在兰甘亨石碑还提到财主阶层。泰国历史学家尼提·姚西翁（Nithi Yaosriwongsa）认为，财主阶层大概指印度的三个最高的种姓：婆罗门、刹帝利和吠舍。素可泰王朝时期受印度文化的影响很深，因此婆罗门教在泰国十分流行，婆罗门教士人数可观。王室成员属于刹帝利，商人属于吠舍。这三种人掌握大量财富，构成了财主

第114页　兰甘亨石碑。这块石碑镌刻于1292年，是仅存的第一块泰文石碑。现藏于曼谷国家博物馆。

第114—115页（上、下）　古孟文-吉篾文残片。现藏于佛统国家博物馆。

第115页（右）　古孟文-吉篾文残片。现藏于乌通国家博物馆。

阶层。

工匠，这是一批手工业个体劳动者，掌握着某种专门技术，从事房屋和寺庙建筑，制造佛像或各种美术工艺品，也制作陶瓷、家具、衣服、器皿等日常生活用品。在素可泰王朝，工匠被“诏”所控制，失去人身自由，依附于“诏”。

奴隶处于社会的最底层。其来源主要是战争的俘虏，或者是因天灾人祸卖身为奴的人。

宗教界人士，包括僧侣，还有碑文中提到的“白衫儿”。“白衫儿”曾一度剃度出家，因各种原因还俗，后又回到寺庙中帮助僧侣处理一些事务。他们身着白衫，故名“白衫儿”。另外，还有大批的宗教信徒，称为善信。素可泰王朝时期的僧侣有较大的自主权，僧长由他们自己选举产生。

1833年，曼谷王朝拉玛四世即位前作为一位僧侣来到素可泰王朝遗址朝圣 发现一块边缘有浅浮雕图案的石板，正是当年素可泰国三兰甘亨（1275—1317年在位）的御座，同时还发现高1 1米的圆锥顶石碑，四面为35厘米的正方形，镌有古泰文，这就是后来闻名于世的兰甘亨石碑。

国王的御座和兰甘亨石碑成为研究素可泰王朝历史的重要依据。

从国王御座我们可以看出王室和僧侣是国家政权的核心。王权和神权相结合 实行家长制统治，带有原始社会的部落民主成分。当时 国王还没有被称为“诏佩丁”（意为国王），而是被称作“泼”（意为父亲），如兰甘亨就被称为“泼兰甘亨”。

兰甘亨石碑说：“领导着由崂岭城和素可泰城组成的王国的泼兰甘亨，命令他的工匠雕制一块石板，放置在14年前种植的这些糖棕树之间。在新月之日，在盈月的第八

日，在满月之日，在亏月的第八日，其中一个贴拉或玛哈贴拉级的僧侣登台坐在石板上，向遵守戒律的百姓宣讲佛法。在不是讲佛法的日子里，嵯岭城和素可泰城泼兰甘亨就登台坐在石板上，让官吏、贵族、亲王同他讨论国家的事情。”

兰甘亨王曾派人专程去锡兰请来上座部的高僧，在素可泰地区弘扬上座部佛法。他大兴土木，修建寺院，当时最著名的佛寺是素可泰城西的石路寺，这是兰甘亨专门为从斯里达玛拉乍邦来的高僧摩诃贴拉·摔哈瓦乍而建的。寺内塑有一尊高约9米的佛像。城内和城郊建有许多佛殿。每逢盈月的第八日和亏月的第八日，由僧侣登台宣讲佛法。每年七月进入雨季，僧侣皆在寺中守夏念经，不复外出。一月之后，守夏结束，要举行隆重的斋僧仪式。到了第五代的利泰王（Lithai，1347—1368年在位）时，他曾派使节去锡兰请来戒师，为国王本人受戒出家。从那时开始，泰国每位国王都要出家一段时期，此传统沿袭至今，成为定例。利泰王著有《三界论》一书，论述欲界、色界和无色界三界轮回的各种情况。这本书被认为是泰人所著的第一部佛教著作。

兰甘亨石碑大约镌刻于1292年，按照石碑的说法，泰文字母是由兰甘亨王创立的，他把古孟文和古高棉文加以改造，创造了44个辅音字母和32个元音字母，并增添了4个声调符号，用这种新创造的字母镌刻了兰甘亨石碑，此为第一块使用泰文的碑铭。

文字的发明和使用，无疑是素可泰王朝在民族文化方面的一大建树。泰文字母的发明，同其他文字一样，是一个缓慢发展的过程。通过考古发现的泰国古代文字，是从公元5世纪至18世纪这段时间逐渐形成并定型的，可分为4个阶段：

1. 使用南印度巴拉瓦（Palava）字母时期

这段时期约200余年，从公元5世纪到6世纪，甚至7世纪初期，在堕罗钵底、三佛齐和真腊时期，都使用南印度巴拉瓦文字。

2. 巴拉瓦字母的发展时期

第116页　仿制的宋胶洛（Sawankhalok）瓷窑。位于素可泰兰甘亨国家博物馆院内。

第117页　素可泰王朝时期泥塑大象。位于素可泰兰甘亨国家博物馆院内。

第118页　宋胶洛鱼纹盘。现藏于素可泰兰甘亨国家博物馆。
第119页　宋胶洛外销瓷。现藏于素可泰兰甘亨国家博物馆。

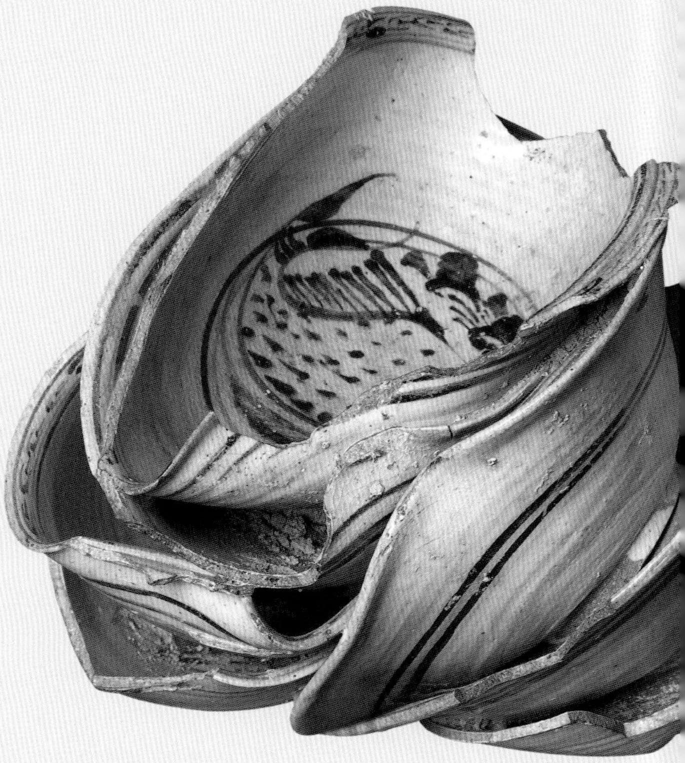

第120—121页　宋胶洛各式瓷器。现藏于素可泰兰甘亨国家博物馆。

第二阶段巴拉瓦字母发生了变化，有了一些发展，但大体和原来相似，称为“后巴拉瓦字母”，从公元7世纪至9世纪，大约300年。

3. 使用吉篾字母时期

第三阶段，曾出现在现今泰国版图上的各个国家，根据各自的特点，将巴拉瓦字母进行改造，真腊国创造了古吉篾文字。在泰国境内发现的古吉篾文碑铭，从公元9世纪到13世纪，共有100多块。三佛齐国则将巴拉瓦字母发展为嘎威（Gavi）字母。泰国所发现的嘎威字母其年代为公元12世纪。第三种从巴拉瓦字母发展起来的文字是哈利奔猜国的古孟文字母，存在于公元11—12世纪。还有一个重要的来源是从缅甸孟族传来的孟文。使用古孟文的时间长达400年，从公元9世纪到13世纪。

4. 使用泰文字母时期

这个时期有两种情况，一是维持原字母及拼写规则。泰文字母有两个系统：吉篾－泰文系统和兰那泰文系统。前者源于古吉篾文，从素可泰王朝一直使用到曼谷王朝，即公元14—18世纪。而兰那泰文则经澜沧王国（位于中国云南）传到泰东北地区，使用于公元16—18世纪。二是改变原字母及拼写规则。素可泰字母从古孟文和古吉篾文发展而来，使用时间为公元13—14世纪。后发展为阿瑜陀耶和现今泰国使用的泰文。在兰那泰（今清迈）则发展为“豆荚字母”，公元14—18世纪发展为“表述字母”。素可泰字母和“豆荚字母”以后又发展为澜沧王国和泰东

第122—123页 陶瓷佛像残片。
现藏于素可泰兰甘亨国家博物馆。

北地区使用的小泰字母。时间为公元15—17世纪。

泰人的先民从公元13世纪到17世纪，在400余年中共使用了7种字母。

素可泰兰甘亨王的功绩，在于他将古孟文和吉篾文改造成泰文字母，规范了拼写规则，就像中国的秦始皇实行“书同文”一样，使泰国有了统一的文字，对泰国的政治统治和经济发展起了重要作用。

宋胶洛陶瓷是素可泰王朝时期在文化方面的另一辉煌建树。宋胶洛是素可泰府的一个县，古时候是重要的陶瓷产地。将在暹罗湾打捞出来的古代陶瓷碎片跟在菲律宾发现的中国古陶瓷进行对比研究，学者们断定宋胶洛陶瓷的年代在公元14—15世纪之间。

第124—125页　素可泰王朝时期的残破的佛像。现藏于素可泰兰甘亨国家博物馆。

宋胶洛陶瓷明显地受到中国陶瓷的影响。曾经有学者认为，素可泰王朝的兰甘亨王曾亲自访问过中国，并从中国带回了一批制造陶瓷的工匠，在宋胶洛开窑烧瓷。后来的研究结果证明，兰甘亨王本人没有到过中国，有可能是中国的陶瓷工匠通过官方交往或私人途径来到宋胶洛帮助烧瓷。素可泰旧城现今还有一些被称为都良窑的古窑遗址，其名称应该是从中国江西景德镇的富良窑演变而来的，因译音稍偏，“富良”便成了“都良”。

宋胶洛陶瓷有两个主要产地，一个在素可泰城，另一个在宋胶洛。

素可泰旧城的窑址称为都良窑，这个窑烧制的陶瓷，特点是质地较粗，先在陶上涂一层白泥，再描黑色的花纹，最后再上一层淡绿色的釉。比较常见的装饰图案是螺纹、环纹、鱼纹和花卉纹。特别是鱼形图案成了素可泰陶瓷的一个象征。

从宋胶洛陶瓷的造型及纹饰不难看出它与中国陶瓷的师承关系。有的宋胶洛陶瓷底部有莲花图案，为犬牙交错的莲花瓣。一些陶瓷容器的颈口处亦有莲花瓣的纹饰，容器的外部也有莲花花纹。而莲花瓣的纹饰恰好是中国元朝时期最为流行的纹式，这种形制的陶瓷产于中国浙江省的龙泉窑。更为有趣的是，在现存的宋胶洛陶瓷中，还发现外观造型如柿子的瓷器，而柿子是中国北方特有的果类，泰国本土从来没有这种水果，可见宋胶洛陶瓷受到过中国陶瓷的影响。

第126—127页　洛坤古城墙。洛坤建城之初就有土城墙和护城河，1407年阿瑜陀耶拉梅萱（Ramesuen）王将一批兰那泰人移往洛坤并在城墙外插上木桩，填土增高。1557年改为砖建，以防葡萄牙人进攻。那莱王时期雇法国工程师改建为现存模样。
第128—129页　清莱古城墙。一面修成斜坡，可以防洪水。
第129页（右）　古城墙斜坡细部。

宋胶洛府古代有一个西沙差那莱县（Si Satchanalai），在距离该县城墙仅500米的橡胶林中，考古人员发现了许多古窑遗址，而且都是砖窑。在这里发现了大量陶瓷器皿的碎片和建筑装饰品的残骸，如陶俑、兽、龙、蛇等的残片，由此断定此系官窑。它们做工精致，造型优美，是素可泰王朝时代用于外销的商品。

另外在宋胶洛城外，永河之滨的小岛区里也有一些古窑，被称为槎良窑，因为宋胶洛还有一个古名叫槎良（Chalain）。槎良窑的产品跟后期华富里的陶瓷相似，陶瓷粗糙，多上棕色釉。而后期陶瓷则完全按照中国龙泉瓷的方向发展，即用高温烧制，使其产生美丽的色彩，有翠绿、灰绿、墨绿、浅灰、靛蓝等颜色，其产品在东南亚一带备受欢迎。

槎良窑跟素可泰窑产品的鉴别，可以从底部看出来。素可泰窑烧制的时候，用五根支架来支撑陶坯，故烧出来的产品底部有五个疤痕。槎良窑没有用支架，而是直接放在案几上，所以底部有一个小圆圈。

宋胶洛陶瓷给素可泰王朝带来了巨大的收入，不仅在王朝版图内进行买卖，而且还沿着各条河流顺流而下，出口至马来西亚、印度尼西亚、印度、菲律宾和锡兰。连埃及的西奈半岛都发现有宋胶洛陶瓷。现今素可泰时期的宋胶洛陶瓷已经很难寻觅，一件宋胶洛古陶瓷精品的价格高达上百万铢。

素可泰时期的文学作品主要是碑铭文学和佛教文学。

第130—131页　素可泰古城遗址。
第132页　素可泰古城佛塔与佛殿。
第133页　素可泰古城佛殿坍塌后残存的石柱。
第134—135页　素可泰古城中泥塑坐佛。

《兰甘亨石碑》是碑铭文学的精品，其内容分为三部分：第一部分以第一人称的口吻叙述兰甘亨国王的经历；第二部分叙述他修建寺庙供奉佛舍利的情况；第三部分可能是时隔多年后补刻的，改用第三人称，歌颂兰甘亨国王的丰功伟绩，字体亦有改变。《兰甘亨石碑》之所以被视为泰国著名的文学作品，是因为其碑文文字优美流畅，文句语调铿锵，类似散文体的韵文。文中有“田中有稻，水中有鱼”的形象描写，成为泰国文学史上的千古绝唱。

《巴芒寺石碑》是利泰王下令镌刻的。内容记述利泰国王登基、修行、苦读、出家等事迹。补充反映了兰甘亨后素可泰王朝的历史和社会情况。类似一篇以历史为题材的散文。

《三界经》的作者是利泰王，这是由泰人撰写的第一部佛教著作，开启了泰国佛教文学之先河。本书资料来源广泛，引用了30多部佛经，汇集了当时所有的佛教知识。它将世界分为三界：欲界、色界和无色界。欲界有11处，生存于欲界的人都还有欲望，因其修行的高低分处于11个不同的等级之中；色界，是禅定后达到的阶段，分为16等，此时的人已无欲，但还有形，还和大千世界有联系；无色界有4级，是禅定的最高境界，已无形体。书中讲述了人的转世轮回、佛教教义，并生动形象地描述了传说中的佛教仙境、奇珍异兽。

《帕朗格言》是诗歌体，收录格言158条，作者不详。其内容反映了古代泰人的人生观、价值观和道德观。其名为“帕朗”，是采用素可泰王朝时期出现的一种诗体，托名素可泰王朝时期的作品，以增加其权威性。

《娘诺玛》是以本书的作者之名命名。娘诺玛父亲是婆罗门，担任朝廷高官。母亲名叫雷瓦迪。娘诺玛17岁时，被父亲送进王宫，做利泰王的王妃。书中一开始就叙述了她的身世，记述了后宫的生活，特别是详细描述了一年之中9个月的各种祭拜仪式，另外3个月是守夏节。书中还说到宫廷官员的行为和礼仪准则，并穿插一些故事，明显有训戒臣民的作用。但学者们认为，此书极有可能不是素可泰王朝时期的作品，因为书中提到了一些素可泰王朝时期不可能出现的人和物，如美国人、大炮等，大概是后人伪托。但也有人认为，书中所记9个月内举办的各种仪式与事实大体相符，或许后人做了增删补充。

素可泰王朝时期的泰族承袭了古代百越民族传统的干栏式建筑，这显然跟泰国的地理环境和气候条件有关。泰国地处热带和亚热带，天气湿热，没有四季寒暑的变化，只有旱季和雨季。每年4月至11月为雨季，12月至次年3月为旱季。每当雨季来临之时，常是连日暴雨，洪水泛

滥，淹没田野和庄稼。然而居住在高脚屋中的民众，因其楼板高出地面数米，通常可借此躲避水患。到了旱季，楼底可以饲养家畜，楼上住人，清凉爽快。

素可泰王朝时期一般居民的房屋建筑都比较简陋，茅草盖顶，竹片垫楼板，梁柱则用质地坚硬的树木。比较富裕的人家、村长或者社会上层人物，则建一种称为“嘎来”的房屋。“嘎来”这个称呼是现代的建筑学家命名的，因屋脊相交的那一部分泰语称为“嘎来”，而这种屋子正是特别讲究对“嘎来”的雕刻装饰，故命名“嘎来”。继“嘎来”式古典建筑之后，又出现一种被称为木楼的民居建筑。这种建筑跟泰国中部的建筑艺术相融合，外观随时尚及人们的喜好而变化。有的木楼采用镂空的花纹来装饰，做工精细，堪称木雕艺术的精品。

上述三种房屋，其大小或式样虽各有异，但都由几个相同的部分组成：

1. 楼梯和拴狗柱。

2. 平台，可以用来乘凉、会客、吃饭和做佛事，如果家里有成年少女，亦可作为傍晚小伙子和姑娘的幽会之地。

3. 水店，放置水缸的地方。

4. 卧室，仅供家庭成员憩息的地方，外人和客人是不能进去的；如果外人跨越卧室的门槛，便是对主人祖宗神灵的亵渎。

5. 厨房，做饭和吃饭的地方。

素可泰王朝在中国史籍中被称为暹国，与中国元朝保持着良好的关系，并多次有使节互访。1349年地处华富里的罗斛国举兵灭暹，从此改称暹罗斛或简称暹罗。其统治范围主要包括素可泰城、西沙差那莱城（又名嵯良城）和甘烹碧（Kamphaeng Phet）城。素可泰城是素可泰王朝的中心，面积70平方千米，从公元13世纪到15世纪，是最辉煌发达的时期。城中的主要建筑是王宫和众多的佛寺。现今素可泰城还保留着王宫和许多著名佛寺的遗址，供人参观凭吊。

西沙差那莱城为素可泰王朝利泰王的国都。素可泰王朝时期的许多块碑铭都提到西沙差那莱城在佛历1780年（公元1337年）以前就存在了，最初规模很小，由披耶希瑙纳陀（Pho Khum Sinownamthom）统治。在中国古籍中称为“上水”，交通方便，“可通云南后门”。现在西沙差那莱城还保留三处重要的遗址：

1. 永河流域古代居民遗址。还可以看到城墙的土埂，铁矾土的痕迹。

2. 四周用铁矾土筑的城墙围起来的旧城遗址。

第140页　佛塔神龛中的立佛。
第141页　坐在那伽身上的佛。
第142—143页　吉篾式佛塔上的浮雕。
第144—145页　素可泰时期的寺佛塔遗址。
第146页　吉篾式塔的佛龛。
第147页　佛塔角上的迦楼罗（Garuda）浮雕。

第148页　素可泰式佛塔。
第149页　锡兰式佛塔。
第150—151页　象隆寺。泰国最具有代表性的象塔。
第152—153页　素可泰历史公园。20世纪30年代泰国将其列为国家重点保护的文化遗址，并开始修复。素可泰古城重放光彩。

3. 永河流域工匠聚居的遗址。

这一地区使用的建筑材料最早是用铁矾土，后来用砖瓦。屋顶是木梁上覆瓦。柱子、墙壁、门框用泥灰装饰。当地居民主要是高棉族，信仰婆罗门教和大乘佛教。素可泰王朝建立后才改信小乘佛教。现存佛塔有两种样式：一种是缅塔，状若覆钵；另一种称为“巴朗”，外观像玉米，源于印度和高棉。这里的人十分擅长泥灰雕塑，用泥灰雕塑佛像、神像、夜叉和各种动物。

甘烹碧为泰北重镇，属于素可泰王朝的统治范围。“甘烹碧”在泰语中是“金刚石城墙”的意思，至今仍保存约300米的城墙遗址。据说该城是1347年由素可泰王朝第四世王乐泰（Phaya Loethai，1298—1323年在位）所建。现存重要文物遗址有婆罗门教的大自在天神庙，还有曾经供奉过国宝玉佛的玉佛寺等。

1991年联合国教科文组织把这三个地方作为相连的遗址，宣布为素可泰－西沙差那莱－甘烹碧历史公园，作为世界文化遗产保护。在这里可以看到当年王宫的遗迹，众多的佛寺、佛塔、佛像，颓废的城墙以及依然清澈的护城河，使人感受到浓郁的佛教文化气息。恰如《全唐诗》所言：“梵钟交二响，法日转双轮。宝刹遥承露，天花近足春。”

「不可战胜」的神话与毁灭（阿瑜陀耶王朝时期）

史前时期（迄今 6500 年）

前素可泰时期（公元前 1 世纪—公元 13 世纪）

素可泰王朝时期（1238—1419 年）

◆ 阿瑜陀耶王朝时期（1350—1767 年）

吞武里王朝时期（1767—1782 年）

曼谷王朝时期（1782 年至今）

第154页　树抱佛。1767年阿瑜陀耶城被缅军焚烧后，众多佛像被毁坏，佛头散落各地。适逢一株小榕树正在佛头旁边生长，随着岁月流逝，榕树生长成材，根系繁茂，遂将佛头包裹。与其说这是奇特的景观，倒不如说是时间造就的历史杰作。

第156页、第157页　象战纪念碑。这个纪念碑纪念1592年泰王纳黎萱（Naresuan）在象背上战胜缅军统帅并使泰国重获独立的光荣历史。耸立于素攀城外31千米处隆斋滴的舍利塔前。

第158—159页　阿瑜陀耶遗址。残留的佛塔耸立在一片废墟中，向人们显示着昔日王朝的辉煌。
第160—161页　大火焚烧后的断垣残壁。
第162—163页　被破坏的佛像。一排残破的佛像仿佛诉说着战争的残酷。
第164—165页　坐佛。尽管经历战火洗礼，一尊端坐在蓝天白云下的佛像，若腾空而起，会令人产生无限的遐想。

第168—169页　残存的吉篾式佛塔。这些佛塔依然显示了昔日佛教的兴盛。

第170页　塔前坐佛。佛端坐塔前，摆出降魔式，一副凛然不可侵犯的样子，仿佛洞悉历史的变迁。

第171页　坐佛局部。

地租或实物地租。在泰语里“萨克迪”意为权利，“纳”是土地，“萨克迪纳”即对土地占有的权利。

根据“萨克迪纳”制的规定：地位仅次于国王的副王封地100000莱，王子封地20000莱，公主封地1500莱，昭披耶玛哈塞纳（军务大臣）封地10000莱，昭披耶却克里（政务大臣）封地10000莱，披耶爵衔封地1000—10000莱，庶出王子封地50—400莱，僧尼封地400—2400莱，下级官吏封地10—25莱，奴隶封地5莱。每莱相当于中国的2.4亩。

“萨克迪纳”制为阿瑜陀耶王朝的经济发展和社会稳定起到了重要的作用。在“萨克迪纳”制度下，每个社会成员无一例外地分属不同的社会阶级。国王、贵族和各级官吏是统治阶级，而占全国人口绝大多数的“派”和奴隶是被统治阶级，他们作为依附民而被束缚在土地上。他们没有迁徙自由，但社会上再也见不到因战乱而无家可归的无业游民。他们的生活虽然谈不上富裕，但也能维持基本的生活。

戴莱洛迦纳王为加强中央集权，防止地方势力的膨胀，把分封给贵族、官吏的食田分散到各地，使其不能形成一股集中的强有力的地方势力。而且还规定官吏的食田是不能世袭的，国王可以随时变换和剥夺，贵族官吏在离职时要把食田交还给国王，仅留部分土地以维持其体面的生活。而且，贵族也不是一成不变的，法令规定贵族每传一代爵位降低一级，即使出自国王的嫡系王子，五代以后也降为平民。所以，不存在稳固的世袭贵族集团。

戴莱洛迦纳王改革的另一重要措施是1445年颁行的《文官统治法》和《军官及各地官吏统治法》。改革过去的军政合一制，把国家管理分为政务和军务两大类，设政务大臣主管全国民政事务，设军务大臣处理全国军政事务，二者皆授最高爵衔"昭披耶"，政务大臣称为昭披耶却克里，军务大臣称为昭披耶玛哈塞纳。在政务大臣下设财务、田务、宫务、政务四大部，各有部长负责。军务大臣下设陆军和海军部。另有"昭披耶"爵衔军官一名，主管

第172—173页　屹立在废墟中的覆钵式塔。

第174—175页　三塔。阿瑜陀耶时期最著名的覆钵式塔是帕希讪派寺的三塔。拉玛铁菩提二世修了两座塔纪念先王和兄长。他逝世后，其子又为他修了一座塔，合称三塔，存放他们的骨灰。如今三塔耸立在一片废墟中向世人昭示昔日的恢宏气势。

王宫卫队。全国各府也建立相应的行政机构。规定从中央到地方的军、政官吏均由国王直接委任或通过中央政府机构任命。

为了维持国王权威和防止宫廷内部篡权夺位，1450年戴莱洛迦纳王还颁布了《宫内法》，包括礼仪、百官职守和处罚法规三部分内容。即使王子犯法也逃脱不了惩罚，与常人不同的是用金、银制的脚镣和用檀香木笞挞处死。

戴莱洛迦纳王的改革为古代泰国社会确立了一种新的封建式的生产关系，为社会生产力的发展开创了一个新的前景，给阿瑜陀耶王朝带来了400多年的繁荣。

泰国佛教自素可泰王朝的兰甘亨王倡导以来，为历代国王所承袭，广为传播，发展迅速。到了阿瑜陀耶时代，每个村寨都建有佛寺。这些佛寺成为村寨的文化教育中心。每个男子在成年之前，都在寺里读书，由僧侣担任教师。成年后必须有一段时间剃度出家，国王也不例外。据《阿瑜陀耶编年史》记载，戴莱洛迦纳王剃度出家后，在寺院待了8个月，学习小乘佛教文字——巴利文。他十分重视佛教，不仅派人从锡兰引进佛教律藏，还派遣僧侣使节

到邻近各国发展友好关系。佛教获得人民的普遍崇信，全国90％以上的民众信奉佛教。上至国王、贵族、官吏，下到平民百姓，他们都把捐资修建佛寺当作第一等善事，因而全国寺院林立。

拉玛铁菩提二世曾动用大量的金钱、人力，在都城修建了帕希讪派寺（原寺焚于1767年的战火，现在看到的帕希讪派寺是后来重修的）。这座寺庙是戴莱洛迦纳王献出王宫修建起来的，作为王寺，寺里供奉一尊用纯金浇铸的佛像。之后又在寺内修建了两座颇具阿瑜陀耶建筑特色的佛塔，分别存放其父戴莱洛迦纳王和其兄波隆摩罗阇三世的骨灰，开启了用佛塔存放国王骨灰的佛教丧葬先例。拉玛铁菩提二世驾崩以后，他的后人按照上述两座佛塔的样式又修建了一座相同的佛塔，存放他的骨灰，这就是著名的三塔。直至现今，三塔依然保存完好，成为泰国重要的文物古迹和旅游胜地。

由于佛教的盛行，僧侣成为一个特殊的团体，是泰国一支举足轻重的力量。他们拥有强大的精神号召力，同时佛教寺院还拥有大量的财富、肥沃的土地和依附民。历代统治者往往借助佛教的力量来控制人们的思想和维系统治。

第176页　三塔侧面。
第177页　方楞式塔。方楞式塔的塔基为方楞形，或者称为四角十二曲塔，直接从印度佛塔演变而来。阿瑜陀耶王朝征服柬埔寨以后，兴建方楞形塔来纪念其赫赫战功。

阿瑜陀耶王朝后期，小乘佛教盛行，其繁荣的程度远远超过发源地锡兰。特别是在1732—1758年波隆摩阁王（Boromokot）统治时期，曾应锡兰方面的请求，派高僧优婆离到锡兰传戒，在锡兰重建僧伽团，并形成一个被称为暹罗派（亦称优婆离派）的新教派，时至今日，这个教派在斯里兰卡仍有很大影响力。

阿瑜陀耶时期泰国佛教之盛，主要表现在大兴土木、广建佛寺上。其京都阿瑜陀耶城坐落在一个周长为12千米的小岛上，就在这块弹丸之地上，先后建起了400多座寺庙。佛寺占地面积很大，佛寺和王宫连成一片，剩下的才是王公贵戚的宅邸和商业区。大量的佛寺建筑集中了那个时代的文物精华，形成了独特的阿瑜陀耶佛教艺术风格。

第178页（左） 阿瑜陀耶王朝中期佛像。虽然佛像出自阿瑜陀耶工匠之手，但基本上沿袭素可泰王朝时期佛像的样式，佛像面孔庄严而富有生气。现藏于素可泰兰甘亨国家博物馆。

第178—179页 “君王形”佛像。这种佛像按人间君王服饰穿着打扮，头戴王冠，佩戴装饰品。现藏于素可泰兰甘亨国家博物馆。

第179页（右） 銮抱多佛像（即大佛）。这尊佛像以体型硕大闻名，铸于1324年，是泰国最大的一尊金属铸佛。这尊佛像现存帕南车寺，华人称为三宝公庙，以纪念明朝七下西洋的三宝太监郑和。

第180—181页 金粉浮雕。

第182—183页（上）潮剧生、旦、净、丑石像。这些潮剧角色，作为压舱石从中国运来，由舞台形象变成石雕艺术像，象征着潮剧已在泰国生根，潮剧已成为泰国文化的一个组成部分。
第182—183页（下）陶罐、香炉和陶马。现藏于曼谷国家博物馆。

阿瑜陀耶时期的400多座佛寺，在1767年的泰缅战争中被焚烧殆尽。从现存的一些佛寺的遗址，我们仍可以窥见昔日的辉煌。

阿瑜陀耶王朝与中国保持着朝贡关系。朝贡最初是中国古代诸侯定期朝见天子，贡献方物，表示诚敬的一种制度。到了明代，朝贡已经不是最初的含义了，它已经变为海外诸国与中国政府间的一种外交手段和经济互利的官方贸易形式，也是两国人员和文化交流的一条重要途径。

暹罗阿瑜陀耶王朝与中国明朝的朝贡关系，首先是为双方的政治需要而建立和维持的。阿瑜陀耶王朝甫建之初，面临着彭世洛、呵叻和洛坤等地方豪强势力的反叛和安南、缅甸等邻国随时可能发生的武装侵略。为了谋求生存和发展，争取亚洲大国中国的支持，阿瑜陀耶王朝主动多次遣使中国，请求明朝颁给金印和勘合底薄，作为朝贡关系的凭证。这是暹罗方面基于政治需要而采取的重要措施。

对于中国明朝来说，威胁主要来自北方的游牧部族。对南海诸国，则只求维系安宁，“保境安民”。北拒强敌，南抚诸邦，做到“中国安而四方万国附顺”，这是明朝政府的对外方针。

从经济的角度看，朝贡是一种官方贸易形式。明朝政府对海外各国来贡，从政治上着眼，力求“万邦归顺”，在经济上则采取“怀柔远人，厚往薄来”的方针。明朝政府除了照例“赏赐”给各国贡使大量礼品，还准许贡使将带来的货物开市出售，免于抽税。所以，朝贡已不是最初那种“所贡方物，不过表诚敬而已”的概念了，而是带有商品交换的性质。海外各国利用朝贡的机会，进行官方垄断的对外贸易，“虽云修贡，实则慕利”。

暹罗历次朝贡送来的礼物有大象、象牙、苏木、降香、罗斛香、胡椒、鹦鹉、孔雀、硫磺、黄蜡、白蜡、阿魏、丁皮、碗石、紫梗、藤竭、藤黄、没药、乌爹泥、肉豆蔻、白豆蔻、大枫子、芯布、油红布等。有时货物的批量很大。例如洪武二十年（1387年）贡胡椒1万斤，苏木10万斤。洪武二十三年（1390年）贡苏木、胡椒、降香等物17万斤。简直就是趸批贸易。明朝送给暹罗的东西有瓷器、文绮罗帛、织金锦缎等。有时干脆付给大量的钱钞。如洪武十四年（1381年），赐给暹罗贡使陈子仁等白银240锭。

朝贡贸易给暹罗带来了很大的经济利益。以槟榔为例，在暹罗收购价每担6钱，运到中国后就值4铢。利之

第184页、第185页　孔剧面具。孔剧是在泰国广泛流行的一种戏剧，以表演《拉玛坚》为主。“孔”(Kon)在高棉语里指表演《拉玛坚》的男演员。早期的孔剧演员都是男性，后来吸收了女演员。除了帕和喃这两类角色外演员皆戴面具演出。因此，孔剧的头像和面具，成了泰国的一种独特工艺品。图中的大爱披耶和小爱披耶头像制作于拉玛二世(Rama Ⅱ，1809—1824年在位)时期。现藏于曼谷国家博物馆。

第186页　木雕门神。现藏于素可泰兰甘亨国家博物馆。
第187页（左）　木雕神像。现藏于洛坤国家博物馆。
第187页（右）　木雕坐佛。现藏于素可泰兰甘亨国家博物馆。

所在，趋之若鹜。尽管明朝一再表示，“入贡既频，繁劳太甚”，令“遵古典而行，三年一贡”。但仍是贡使不绝，相望于途。由三年一贡，变成一年三贡，即一年之中，探贡一次，正贡一次，接贡使一次。

到了清朝初年，除了维持原来的朝贡关系，还正式开启了中暹之间的大米贸易。康熙皇帝听暹罗贡使说：“其地米甚饶裕，银二三钱可买稻米一石。”为了解决闽粤两省的米荒，从康熙六十一年（1722年）起，政府公开奖励到暹罗贩运大米，开启了中暹之间历史上第一次大规模的大米贸易，也促成了潮州人移民泰国的一次大高潮。

康熙年间开启的中暹大米贸易，使华人移民泰国合法化，并在泰国形成了华人社会。华人成为泰国早期不必依附土地而生存，并可以自由流动的商人阶层，使泰国开始摆脱自给自足的自然经济的束缚，大大促进了商品经济的发展。

当时移居泰国的华人究竟有多少，从以下文中可知其详。李长博的《华侨》说：“清康熙年间，暹罗全国人口600万，华侨150万人。”泰国学者沙拉信·威腊蓬在他提交给美国哈佛大学的博士论文《清代中泰贸易演变》中说：“17世纪90年代初期，在大城（阿瑜陀耶城）的中国人已经达3000人，在暹罗其他地区的中国人数目可能更多。似此可观数字使人可以了解当时的对外贸易几乎全在中国人经营之内，因为事实上是时全暹人口不会超过200万人。”美国学者G. 威廉·施坚雅（G. William Skinner）在

第188页—189页（上） 御用靠背。现藏于清迈国家博物馆。
第188—189页（下） 象轿。象轿是乘象的专用设备。在泰国历史上，象是主要的交通工具，“出则乘象，死则取其牙齿”。特别是帝王之家，拥有象队。因此，象轿制作成了一个专门的行业。帝王的象轿，装饰得华丽美观，从实用物变成了艺术品。现藏于清迈国家博物馆。
第189页（右） 御用神坛。现藏于清迈国家博物馆。

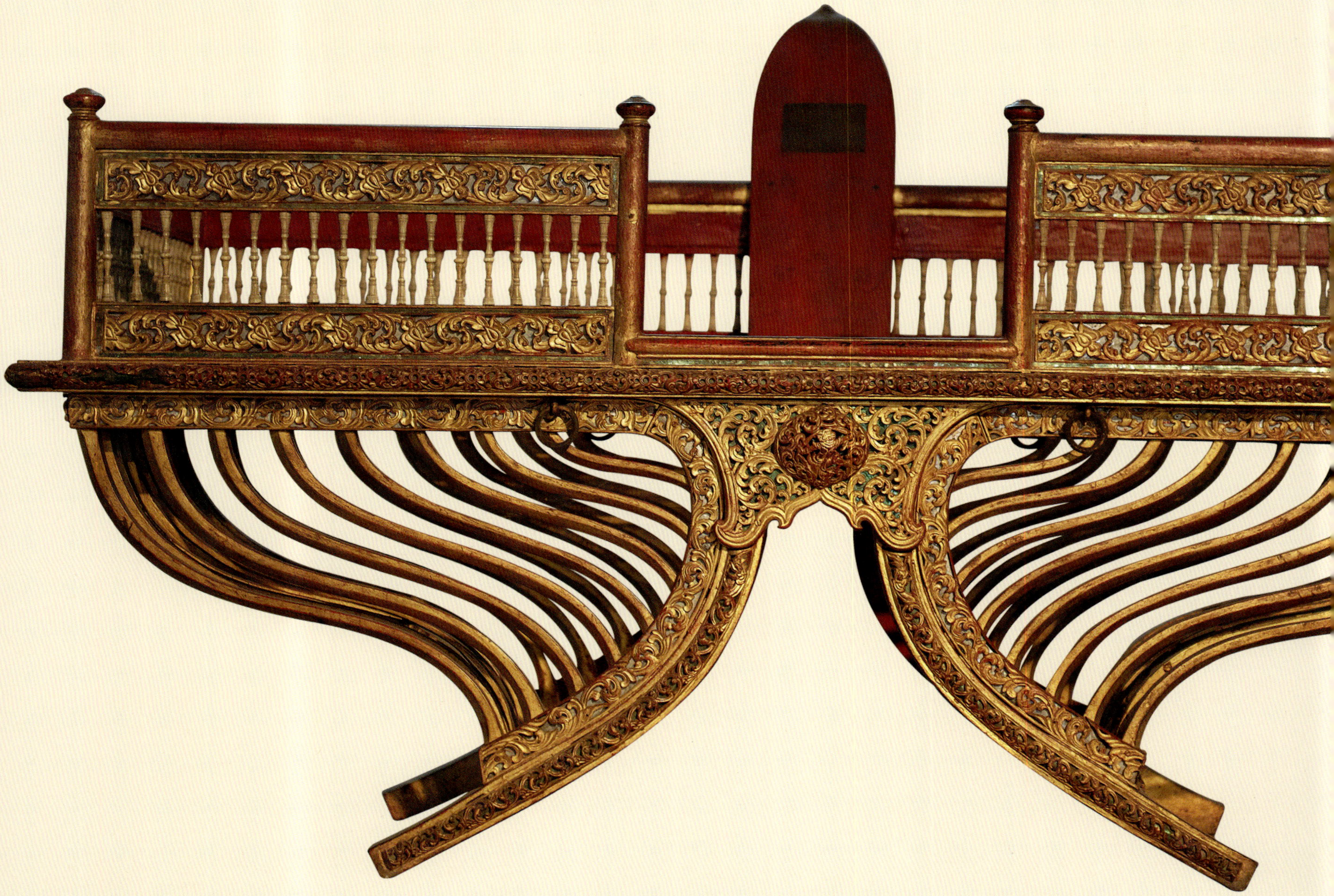

其著作《泰国华人社会：历史的分析》中提到，公元17世纪，暹罗京城有4000华人，全暹罗有10000华人。

毫无疑问，阿瑜陀耶时期已经形成了华人社会。在华人社会中，华人移民保持原来的语言、文化、风俗和生活习惯，并逐渐与当地社会进行相互渗透和融合。魏源的《海国图志》“暹罗国”条说：“华人驻此，娶番女，唐人之数多于土番，惟潮州人为官属，封爵，理国政，掌财赋。”这就是当时华人社会情况的真实写照。

华人社会的形成，使中华文化有了赖以生存的群体基础和传播空间。

G. 威廉·施坚雅在《泰国华人社会：历史的分析》一书里写道：“阿瑜陀耶的华人社区大部分由商人组成，但也有从事其他职业者。欧洲人的记载很清楚，全城都有养猪的华人，市场上满是具有各种手艺的华人工匠开的店铺。中国戏很流行，有好几个中国戏班，就连华尔康和其他西方人都雇中国戏班去演戏。从中国来的中医极受尊重，以至国王御医的首领都是华人。”

华人移民的涌入，使泰语中又渗入许多汉语的新单词，特别是一些生活词汇，就直接从汉语借用过来。如我、你、他、大姐、阿叔、阿伯、先生等称呼，使用的就是潮音。酱油、醋、粿条（米粉）、油条（炸鬼）等词，叫法也跟汉语一模一样。现代年轻一代的泰国人，根本感觉

第190页　水磨漆金屏风。水磨漆金是中国一种古老的装饰工艺。首先用贴金的方法制成花纹图案或人、畜画像，然后将贴了金的图案或画像盖起来，进行反复多次的水磨加工，最后剩下金黄色的贴金图像，底板呈黑色或红色，反差对比强烈。早在公元13世纪素可泰王朝时期这种工艺就从中国传入泰国，流行于阿瑜陀耶王朝时期，成熟于曼谷王朝时期。现藏于曼谷国家博物馆。
第191页　水磨漆金大柜细部。

不到这些词是外来词。

中华饮食文化对泰国的影响更是如盐入水。可以说几乎改变了泰人的饮食结构和生活习惯。中国食品的传入使泰国的食品变得多种多样，中国的一些传统小吃也稍加改革，成为泰人喜好的小吃，如粿条、高捞（杂碎汤）、嘎仗（粽子）等。

除了佛教是泰人和华人共同信仰的宗教，华人一些移民还信奉道教和万物有灵的原始宗教。这些信仰，都对泰国的风俗、文化产生不同程度的影响。许多中国传统的宗教节日，也变成泰国民间的传统节日。例如每年农历七月十五日的中元节，要举办盂兰盛会和施阴济阳的善举。农历八月至九月九日的九皇斋节，源于九颗星辰变成的九皇神仙帮助反清复明，不幸蒙难，所以老百姓要连续10天白衣素食，以示悼念。现今泰人仍坚持过九皇斋节，除了信仰方面的原因，也利用这个机会素食减肥，增进身体健康。

移民是指从一地移居另一地的族群，现在多指从一国移居另一国的族群。它是人类在发展过程中的一种族群扩张活动，包含着经济的扩张和文化的扩张。移民行动扩大了生存空间，同时也扩张了经济活动空间，并在此基础上扩充了文化活动空间，形成一种连锁式的反应。

泰国潮剧的出现，正是潮州人移民扩张文化活动空间

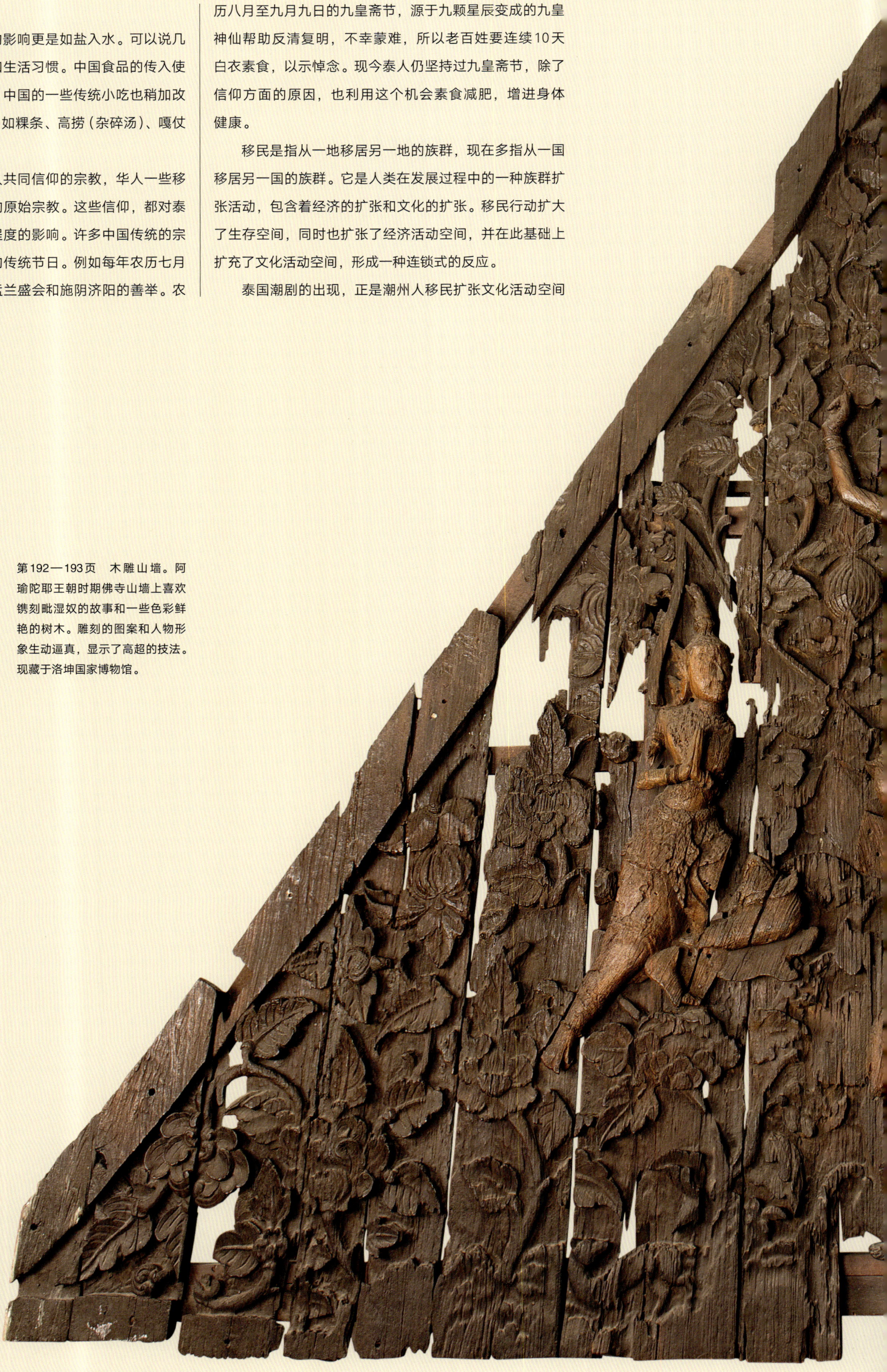

第192—193页　木雕山墙。阿瑜陀耶王朝时期佛寺山墙上喜欢镌刻毗湿奴的故事和一些色彩鲜艳的树木。雕刻的图案和人物形象生动逼真，显示了高超的技法。现藏于洛坤国家博物馆。

的一个表征。潮剧传入泰国以后，最初是以酬神潮剧的面目出现的。酬神潮剧跟潮州本土的潮剧一样，是用潮州话为表演语言，其音乐、唱腔、服饰、道具等，皆与中国国内如出一辙。几十年后，泰国年轻一代的华人根本不懂华文，不会讲汉语。因此以潮语为唱腔的潮剧必然向以泰语为唱腔的潮剧转化。鉴于华人不大愿意投身潮剧戏班学艺，只好转向比较贫困的泰东北地区招收老族学员。泰语潮剧虽然演的依旧是中国的历史故事，但楔子、对白、唱词用的是泰语，演员也是泰人，完成了潮剧由一种中国地方戏剧变为泰国戏剧的文化移植。

如果说泰国孔剧表演的《拉玛坚》是印度宗教文化移

第194—195页　铜凤。现藏于洛坤国家博物馆。
第195页　镏金凤。现藏于素叻他尼国家博物馆。

植成果的话，那么泰国潮剧则是中国史官文化的移植成果。这是因为泰国潮剧主要表演的是中国的历史故事，即使一些反映市井生活悲欢离合的剧目，也都是贯穿和宣扬中国史官文化的人文精神和价值观念。因此华人移民丰富了泰国传统民族文化的内涵。

除了华人移民，泰国还涌入了大量的日本和西方移民，在阿瑜陀耶城郊出现了日本人村和葡萄牙人村。这些侨民主要是为着商业贸易的目的而来。来自东西方不同国家的商船麇集于此，使阿瑜陀耶成为东西方海上交通的交汇口和商品集散地。客观上他们促进了阿瑜陀耶王朝对外贸易的发展，也给泰国社会带来了西方文明。

阿瑜陀耶王朝在广泛吸收外来文化营养的基础上，再度创造了泰国经济和文化的辉煌。

阿瑜陀耶的建筑师们，把他们的都城想象成一只大帆船，因为都城的四周皆是水。这只帆船的船头朝东，船尾朝西，所以他们设计的建筑物，王宫也好，佛寺也罢，都是大门朝东，坐西向东的。

阿瑜陀耶时期的木雕很有特色，刀法细腻工整，形象婀娜多姿。在买卢寺的山墙上，有一幅那莱神骑着大鹏金翅鸟的木雕，就是这段时期木雕艺术的代表作。

各大寺庙的门雕，多是贴金花纹图案。这种漆底贴金或绘彩的工艺，是从中国学来的，在阿瑜陀耶王朝末期十分流行，常用来装饰门窗、木柜等。另外，镶贝的工艺也流行起来。用贝壳拼成人物、花卉、鸟兽、鱼虫等图案，作为木器的装饰，兼具审美和实用的价值。

令人遗憾的是，阿瑜陀耶历经了417年创造的经济和文化艺术成就，竟被战火毁于一旦。1767年，缅甸军队攻陷阿瑜陀耶城，经过洗劫财物后，带走妇女、工匠和有用的劳动力，一把大火，将这里化为灰烬。

现今，阿瑜陀耶城没有重建，依然保持当年被焚毁的模样，断垣残壁，毁坏的寺塔，在残阳余晖中仍然显示出一种残缺的美。泰国人民知道，历史的耻辱犹如长鸣的警钟，可以提醒人民历史是不能忘却的。从1969年起，泰国艺术厅开始对遗迹进行修复，将其定为历史公园。1991年，联合国教科文组织将阿瑜陀耶列入世界遗产名录，阿瑜陀耶城遗址成为著名的世界文化遗产。

第196页、第197页　贝雕。贝雕是泰国民间传统手工艺，用具有各种色彩的天然贝壳做原料，将碎贝壳拼成图案，用来装饰门窗、柜子、桌子、床等，使其显得富丽堂皇。贝雕饰物常用于皇宫和宗教场所。

第198—199页　阿瑜陀耶城遗址。

郑王塔——驱缅复国的丰碑

（吞武里王朝时期）

史前时期（迄今6500年）

前素可泰时期（公元前1世纪—公元13世纪）

素可泰王朝时期（1238—1419年）

阿瑜陀耶王朝时期（1350—1767年）

◆ 吞武里王朝时期（1767—1782年）

曼谷王朝时期（1782年至今）

第200页　吞武里郑王塑像。20世纪50年代，泰国政府出面在吞武里建起一座郑王纪念碑。

第202页　郑王纪念碑上的浮雕：
勤劳的泰国人民。
第203页　郑王纪念碑上的浮雕：
爱好和平的泰国人民。

第206—207页 黎明寺塔（郑王塔）。
第208页 黎明寺塔局部。骑着三首象的因陀罗神塑像。
第209页 黎明寺塔局部。骑着白马的武士塑像。

1766年底，当缅军围困阿瑜陀耶城的时候，华裔郑信奉命率领达府军队前往京都救援。翌年1月，郑信的部队参加了守城部队组织的六路出击，遭遇失败，郑信退却在后，被关在城外，遂率领手下的500名泰人和华人士兵，连夜冲出缅军的重围，乘船沿昭披耶河南下，最后来到了曼谷附近，吞武里王朝亦随之建立起来。据说，当他们的船队来到曼谷的时候，正好赶上黎明，故把曼谷河对岸的寺庙称作黎明寺，寺旁高耸的佛塔叫作黎明寺塔。后来为纪念郑信，老百姓又称之为郑王寺或郑王塔。如今，郑王塔仍然屹立在昭披耶河畔，既是曼谷的地标，又是记述郑王驱缅复国历史的一座丰碑。

吞武里王朝建立初期，暹罗面临一片凋敝的景象。由于缅军对暹罗人口的掳掠，战争中人口的伤亡，以及大批居民因战乱而逃匿山林，全国人口急剧减少，劳动力奇缺，农业生产无法正常进行，粮食不足。加之瘟疫流行，匪盗猖獗，社会秩序十分混乱。攀·詹它努玛本《吞武里编年史》描述当时的情况：“举目望去，被饥饿、疾病、兵燹所害死的人不计其数，尸骸遍野，堆积成山。苟活的人面黄肌瘦，形同饿鬼。”

郑信决心使暹罗恢复到阿瑜陀耶时期的繁荣。在经济

上，他首先设法解决民众的吃粮问题。他用高于平常12倍的价钱向外国商人购买粮食。正常年景每牛车粮食价40铢，郑信出价500铢。利之所在，趋之若鹜。外商为牟暴利纷纷运粮到吞武里出售。粮食一多，粮价又自然下跌了。郑信将购得的粮食用于周济难民，每天都有上万的难民来乞求救济。至于官员，每20天可以分到一桶粮食，每年领一次薪俸。立有军功的人，可以得到赏赐的战俘作为家奴，以供驱使或耕种自己的土地。对于逃匿山林的流民，郑信则用发给粮食、衣服、钱物的办法，鼓励他们重返家园，从事生产。中国当时的官方文件也曾记载了郑信为安定社会秩序、恢复社会生产力所采取的措施。《清实录》说，披雅新（郑信）组织人力，“入山搜寻象牙、犀角等物，给赡难民”。两广总督李侍尧在给乾隆皇帝的奏折中也提到：“所有暹罗城池房屋，（披雅新）着令民人修葺。”

郑信还通过发展商业贸易来刺激社会经济的发展。他广泛招揽外国客商到吞武里经商。初期，曾经发生了英国商人波内以及一些中国商人的帆船、货物在达叻附近被郑信的军队抢劫的事件，这使一些外国商人产生顾虑，担心人身、财物的安全。对此，郑信发布明令，严禁部队抢劫外商，违者军法处置，并令军队偿还抢去的船、物。从此以后，这里再没有发生类似事件。于是大批外商，特别是中国商人，在吞武里王朝时期纷纷来到暹罗。郑信对华侨采取了优惠的政策，如对华侨免征人头税等。在暹罗首都吞武里的对岸（即现今曼谷的大皇宫一带），形成了一个华人聚居区。那里街市热闹、商业繁荣，华人和泰人相处和睦，关系融洽。

第210页　黎明寺塔局部——镏金塔尖。
第211页　黎明寺塔局部——吉蔑石塔顶。

为了适应商业贸易的发展，郑信还加强交通运输的建设。他在一些主要城市之间修筑公路，以便商贾来往和货物流通，逐步改变原来只靠水道运输的交通状况。当时陆上的主要交通工具是牛车。

除此之外，为减轻民众的负担，郑信将“派”的服役时间，由每年6个月减至4个月，使“派”们有较多的时间在自己的土地上劳动。因故不能服役的，还可以用货币或实物代替。这有利于减轻“派”的负担和压力，促进暹罗经济的发展。

在政治上，吞武里王朝基本上沿袭阿瑜陀耶王朝时期的政治制度，只做了小部分的修改。吞武里王朝仍旧实行“萨克迪纳”制。国王名誉上拥有全国土地，官吏和民众根据不同的身份等级，从国王那里得到数量不等的封田。国王掌握全国的军政大权。国王之下设文、武沙木罕（相当于文、武首席大臣），辅助国王分管全国军、政大事。吞武里王朝取消了阿瑜陀耶王朝时期武沙木罕管理南方各省的权力，在战争时期的军事指挥权也由昭披耶却克里所取代，从而削弱了武沙木罕的权力。吞武里王朝初期是由

第212—213页　黎明寺塔局部——彩瓷装饰的神龛及其花朵图案。

一位名叫穆的将军担任昭披耶却克里，穆逝世后便由通銮（即后来曼谷王朝一世国王）继任，所以在吞武里王朝中期和后期，通銮的权势炙手可热。

政府所设的主要职务是负责城务、宫务、财务、田务四个部的官吏，他们的爵衔是披耶。除了京城设四个部，其他各城也设相应的机构。郑信授权一等城市的统治者可以自己任命本城四个部门的官员。

中央对城市的管理分为两大类：畿内城市和畿外城市。畿内城市是指京城附近列为第三等的小城市，例如新城、暖武里（Nonthaburi）、巴吞他尼（Pathum Thani）等。这些城市的统治者称为“乍孟”。“乍孟”同主管法律和税收的官员组成城市管理委员会。畿内各城的军、政工作直接受京城控制。远离京城的畿外城市，则按城市的大小和重要性分为一至四等。一等城市往往由国王的亲属或信任的大臣统治，其周围的小城镇也归他管辖。如果一等城市的统治者“昭孟”立了功，国王就增加一些小城市归他管辖，以此作为奖励，因为这意味着他所能得到的税收和劳动力增加了。畿外城市的“昭孟”对于他所管辖的城市有

第214页、第215页　头上有那伽装饰的镏金佛像。

充分的指挥权，中央也派一些负责法律、税务或其他方面的官员来协助他工作。

作为维护封建统治的重要支柱，佛教一直是暹罗的传统信仰。暹罗居民90％以上都信奉小乘佛教，郑信本人也是一位虔诚的佛教徒。阿瑜陀耶城沦陷的时候，暹罗佛教受到严重摧残，寺院被焚烧，佛像被毁坏，佛教戒律和三藏经典散失殆尽，寺庙香火中断。吞武里王朝初期，人们都说，谁要是剃度出家，就一定会被饿死。有的僧侣担心，佛教恐怕将从此在暹罗消失。一些外国神父借机力劝郑信用天主教来代替佛教，但这一建议遭到郑信的坚决拒绝。郑信知道，坚持佛教就是坚持暹罗的传统民族文化，恢复宗教秩序就是恢复社会秩序。他希望通过振兴佛教来恢复暹罗的社会秩序和传统的佛教文化。1768年，郑信亲自在大钟寺召集全国德高望重的僧侣开会，选举各地僧侣团的首领，重建各地的佛教组织，并决定收集各地散失的三藏经典，集中到京都吞武里，组织人员校勘和整理。1769年，郑信征服洛坤的时候，把那里珍藏的佛教论藏带回吞武里，命人抄写，抄了副本以后又将原著送回洛坤

第216页　托塔的仙女塑像。
第216—217页　托塔的夜叉塑像。

保管。洛坤的希长老曾被他请到吞武里担任僧王，后因有人揭发这位希长老在缅军攻陷阿瑜陀耶城的时候，曾把埋藏财物的地点告诉缅军，致使许多无辜百姓被杀，郑信才免去这位希长老的僧王职务。1770年，郑信平定北方枋长老的割据势力后，对北方的宗教进行了整顿，清理那些不法僧侣，重申戒律，派吞武里的高僧为北部的僧侣重新剃度。在京都和全国各地修建了许多佛寺。当时作为皇寺的膺陀烂寺，至今仍享有盛名。1778年，郑信到金边作战的时候，从那里把一尊印度古代镌刻的碧玉佛运回暹罗，就放在这座寺庙里。

吞武里王朝存在的时间很短，而且忙于应付内外战争，所以在文学艺术上没有特别突出的建树。较为著名的是郑信命人收集整理的长诗《拉玛坚》，这可以称为一大盛举。泰国的古代文学剧本《拉玛坚》实际源于印度古代梵文史诗《罗摩衍那》 叙述一位名叫罗摩的印度英雄的故事，最初在民间口头流传，最后经蚁蛭整理加工。整个史诗约24000颂，最早的部分可能成书于公元前4—前3世纪，最晚的部分大约完成于公元前2世纪。在全书的七卷

之中，第二卷至第六卷是最原始的部分，首尾第一卷和第七卷是后来添加的。

《罗摩衍那》在公元初几个世纪大概经过三条路线从印度传到国外：北路，从旁遮普和克什米尔，由陆路传入中国的西藏和新疆；南路，从南印度由海路传至爪哇、苏门答腊和马来西亚；东路，从孟加拉由陆路传至缅甸、泰国、老挝、柬埔寨、越南和中国的西双版纳。

《罗摩衍那》传到泰国以后，深爱泰国人民的喜爱，经过民间艺人的加工改造，变成了《拉玛坚》。《拉玛坚》虽然脱胎于《罗摩衍那》，但它不是简单的翻译，而是经过了再创造的移植。从故事情节看，两者大体一样，都是叙述罗摩王子与其妻悉达的悲欢离合。罗摩王子遭受后母的迫害被迫流亡以后，妻子悉达又被拖沙甘魔王劫走。罗摩在猴王哈努曼的帮助下，战胜魔王，夺回妻子，阖家团圆。但是《拉玛坚》根据泰民族的欣赏习惯，在故事的内容方面有所增删，情节的次序也有所调整。因此，泰国人把《拉玛坚》视为自己民族的文学作品。

《拉玛坚》和《罗摩衍那》在形式上有较大的区别。《罗

第218—219页　彩瓷花卉装饰的托塔塔身。

摩衍那》在印度是可以吟诵的长诗，后来变成印度的经典。泰国的《拉玛坚》则没有人把它视为宗教的经典，而是供人欣赏的文学作品，主要以剧本的形式出现，供皮影戏、孔剧和舞剧等各种演出。

泰国最早出现的《拉玛坚》剧本是为皮影戏配音的不完全本，大约出现于阿瑜陀耶王朝的戴莱洛迦纳王时期，这是第一次以泰文的方式记录这个古老的故事。此后，从帕碧罗阇（Phetracha）王即位至阿瑜陀耶王朝灭亡，即1688—1758年，还出现了《拉玛坚》的另一个皮影戏配音剧本，计分9段，情节既不连贯，也不完整。此外，还有一个供舞剧和孔剧演出的剧本，虽然语言比较粗糙，也不够流畅，但经历了泰缅战争的战火还能流传下来，亦是弥足珍贵的。

1767年吞武里王朝建立后，郑信鉴于《拉玛坚》面临散失的危险，便组织人力对这部伟大的民间文学遗产进行抢救。郑信本人亦参与了文字的润饰修改，故称为吞武里王版本。这个版本比起阿瑜陀耶王朝流传下来的版本，内容更为充实、完整，语言也比较通俗凝练，带有吞武里王

第220—221页 彩瓷画。

的个人风格，这个版本只有4段，是在征战间隙的两个月内完成的，曾由宫内剧班子上演。

另外，诗人披耶摩诃奴婆（Phraya Maha Nubhab）曾于1781年随外交使团访问中国，写下了一首著名的长诗《广东纪行诗》。披耶摩诃奴婆原名奴婆，披耶是他的爵衔，摩诃是伟大之意。他是吞武里王朝和曼谷王朝初期的著名诗人。1781年，吞武里王郑信派出庞大的外交使团，分乘11艘大船，满载象牙、苏木、犀角、藤黄等货物，5月从暹罗出发，7月抵达广州。披耶摩诃奴婆作为使团的成员，参与了这次远行，作《广东纪行诗》记录了这次盛举。这首诗是泰使入贡中国的亲身见闻，具有较高的史料价值。从文学的角度看，亦是一部现实主义的诗歌佳作。《广东纪行诗》泰文抄本现藏于泰国国家图书馆。卷首有一序言，大约出自泰国历史之父丹龙·腊贾努巴（Damrong Rajanubhab）亲王之手笔，该诗全篇775句，每句七言，讲求韵律，为暹罗"长歌行"诗体。

《广东纪行诗》详细描述了从曼谷至广州的航程。我们对照明清时期中国船户所使用的《海道针经》，可以看出沿途所记地名皆准确无误。贡船由泰国北榄港出发，经三百峰头，过河仙镇，到昆仑岛，渡东京湾（今北部湾），拜灵山大佛，入外罗洋，经由澳门、老万山，溯珠江，抵广州。途中他们历尽惊涛骇浪，风雨险阻，差一点儿被巨鲸吞噬，最后到了中华国土，才"闻之喜洋洋"。

披耶摩诃奴婆眼里的广州是一个农业发展、经济繁荣的商业城市，"商船如云集，面城四行横，桅樯森然立，时或去来频"。"水村遥相望，清幽足留连，居民鳞次列，檐脊相绵延，带水起园圃，油油菜色妍，有林皆果树，地洼辟水田。"虽然当时尚未兴起旅游业，但是听说来了暹罗客，男女皆来围观，语言不通没关系，打着手势来销售菜肴，还有浓妆艳服的妓女来取媚风流客，"卖笑无国界，异族亦相邀"。清朝的官吏特别叮嘱暹罗使节："暹人务自爱，严禁露水亲。"

广州总督专门款待暹罗贡使，并准许他们将随船带来的部分物品就地发售，并免征关税。然而披耶摩诃奴婆没能随贡使上北京，所以北京的情况阙如。

此诗描述了沿途航海的情况和在广东的见闻，具有较高的文学和史料价值，是泰国吞武里时期一部重要的文学作品。

1782年，暹罗故都阿瑜陀耶城发生了民众骚乱的严重事变。事变的起因是：1767年缅军围攻阿瑜陀耶城的时候，城内居民纷纷将贵重财物埋到地下。经过战火的洗

劫，这些财物的主人大多伤亡或被俘，待到阿瑜陀耶城光复后，挖掘无主的地下财物便成了一种热门的职业。吞武里王朝对此实行征税。一个名叫帕·威集拉农的官员以每年纳钱500斤的代价向政府取得挖掘地下财物的垄断权。他依仗权势，鱼肉百姓，使一些居民无以为生，他们被迫起来造反。造反群众在乃布纳、枯该和枯素拉三位首领的率领下，袭击阿瑜陀耶城的“昭孟”（城主）因它拉阿派的官邸。因它拉阿派抵挡不住，逃到吞武里告急。郑信命令披耶讪带领王宫禁卫队到阿瑜陀耶城去镇压。披耶讪到达阿瑜陀耶城后，被他的弟弟——造反群众首领之一的枯该说服倒戈，并被推戴为首领。披耶讪命令他的部队每人在脖子上系一条红围巾，作为识别标志，会同阿瑜陀耶城的造反群众，转而进攻京都吞武里。当时，郑信的主力部队被派往柬埔寨作战，京城卫戍部队又被披耶讪带走，王宫里没有多少兵力，只有一些外国雇佣兵负责守卫。经过一夜的战斗，王宫卫队渐渐不支，郑信只好派洪寺长老出宫同造反者谈判，接受披耶讪的条件：郑信退位，剃度为僧。当天，郑信便到王寺里落发出家。披耶讪派人将王寺严密看守起来，防止郑信逃跑，自己则进驻王宫，以吞武里的统治者自居。

正在柬埔寨作战的昭披耶却克里闻知国内变故，密令其弟昭披耶素拉西撤军，昭披耶却克里同安南统帅阮有瑞达成和平协议后，便带领部队从巴真武里和那空那育府撤回暹罗。1782年4月6日昭披耶却克里回到京城，很快平息了叛乱。接着，昭披耶却克里举行了加冕礼，号称拉玛一世（Rama Ⅰ，1782—1809年在位）。他把首都从吞武

第222页、第223页　彩瓷画集锦。
第224—225页　美轮美奂的黎明寺塔细部。
第226页　穿民族服饰的拿刀武士门神。
第227页　穿民族服饰的拿戟武士门神。

里迁到昭披耶河对岸的曼谷，史称曼谷王朝。

吞武里王朝仅仅存在了15年，但在泰国历史上是一个关键的转折。吞武里政权的建立，郑信领导的驱缅复国斗争的胜利，以及郑信在位期间的一系列福国利民政策，使泰国走向了经济的发展和文化的繁荣。郑信是泰国人民的民族英雄。

不知从什么时候开始，吞武里、曼谷、罗勇等地先后出现了郑王庙，每逢郑信的生日、登基纪念日及遇难日，人们都会自发地来到庙里，献上祭品，燃一炷香，寄托哀思。到了20世纪50年代，泰国政府出面，在与泰国首都隔河相望的吞武里，塑起一座雄伟的郑王纪念碑。上端有一个真人般大小的骑马戎装的塑像，碑面镌刻着这样一段文字，作为泰国皇室和政府对郑信的评价：

此碑为纪念郑信皇大帝和增进他的荣誉而建。他是泰国人民的好男儿，生于佛历2277年（公元1734年），卒于佛历2325年（公元1782年）。

泰国政府和人民于佛历2497年（公元1954年）4月17日敬立此碑，以便提醒泰国人民牢记他抵御外敌，恢复泰国独立和自由的恩德。

此后每年4月17日，即吞武里皇郑信登基纪念日，泰国政府和国王都要在这座纪念碑前举行隆重的仪式，纪念驱缅复国的民族英雄郑信。

在郑王的原籍广东澄海也有一座郑王的衣冠冢，泰国名流及诗琳通公主曾亲临此地拜祭。

第228页 曼谷大皇宫。大皇宫坐落于昭披耶河东岸，是曼谷的地标。始建于1782年拉玛一世时期。大皇宫按照阿瑜陀耶皇宫的式样建造。历时3年建成，占地21.84平方米。主要建筑由律实宫、帕玛哈孟天（Phra Maha Monthian）殿（也叫摩天宫殿）、却克里大殿和玉佛寺组成，金碧辉煌，殿塔相映，充分显示泰国皇权和神权凛然不可侵犯的权威。大皇宫内汇集了泰国建筑、绘画、雕刻和装潢艺术的精粹，被称为“泰国艺术大全”。

曼谷王朝的创建者拉玛一世，原名通銮，华名郑华，是郑信小时候的同窗好友。阿瑜陀耶王朝灭亡后，他于1768年投奔郑信，成为一员干将，在驱缅复国战争中立下汗马功劳。吞武里王朝后期，被晋封为昭披耶却可里，执掌军政大权。1782年暹罗发生内乱，郑信被废黜，他从柬埔寨前线回京，自立为王，把首都从吞武里迁到河对岸的曼谷，开创了曼谷王朝。时至今日，曼谷王朝已有200多年的历史，经历了九世国王。

拉玛一世为了显示国王的权威，在曼谷修建了一座极其华丽的大皇宫。所需的砖瓦是从拆除吞武里炮台和阿瑜陀耶城的城墙而来的，其中一部分建筑材料，是吞武里王朝时派往中国的贡船从广东采购回来的。为模仿阿瑜陀耶故都的格局，拉玛一世特地从柬埔寨征募上万名工人来开凿环绕大皇宫的运河，后又从万象强征了5000名老挝人来修建环绕曼谷的城墙和堡垒，每隔400米就修一个防卫堡垒。拉玛一世时修筑的八大堡垒至今尚存。此外，拉玛一世还在王宫内外修建了一些大殿、寝宫和佛寺，这些工程，动用了大量的人力物力，耗时10年。

最早修建的大殿是律实宫。律实（Dusit）在泰语中是兜率天，即佛教所说欲界六天中的第四层天。因此，律实

第230页　皇宫内覆钵式塔。
第231页　镏金塔门。
第232页　大皇宫侧门。
第233页（上）　托塔上的夜叉塑像。
第233页（下）　神鸟塑像。这座塑像既有神仙的身躯，又有鸟的翅膀和尾巴。

宫按其意思来说就是第四层天上的兜率宫。律实宫的造型为带尖顶的庑殿式的大屋顶，计有七层，用碎玻璃片嵌饰，在阳光下熠熠生辉。殿内的墙壁上绘着各式各样的图案，有奇花异草和饭团花球图案。大殿的门楣和窗棂上端，呈穹庐式拱形，贴金描饰，镶嵌玻璃。该殿的南面墙上有一大窗台，当年国王就是坐在这个大窗台上接见王室成员和大臣的。

帕玛哈孟天殿曾经是拉玛一世的寝宫，后用来举办各种王室大典。整座大殿坐南向北，厅房一字排开又互相连接，左右两侧为配殿。帕玛哈孟天殿为典型的泰国古代建筑，屋顶两端有龙凤角装饰和鸥尾装饰，山墙的人字板上有叶纹图案。

却克里大殿是拉玛五世时期修建的，采用西方建筑与泰式建筑相结合的方式，底部是用大理石砌成的一层楼房，石阶、石栏、石柱、石壁皆是洁白无瑕的上等石料，镂花雕刻，备极精致。屋顶则是泰国传统的庑殿式大屋顶，多层重叠，斜度很大，描金彩绘，变幻灵活。屋顶上高耸的尖塔，像一顶王冠，罩在大殿之上，既增加了整幢建筑伟岸挺拔的气势，又显得富丽堂皇。却克里大殿由四个大厅组成，西面的大厅用作会议厅，有时也在那里接见外宾。最具有纪念意义的是，1874年拉玛五世在这里颁布了废除奴隶制的命令。

大皇宫内有佛寺和佛塔。佛寺为皇寺，是专供王室成员吃斋念佛、举行佛教仪式的场所。泰国历代王朝都有在皇宫修建佛寺的传统。素可泰王朝有玛哈它寺，阿瑜陀耶王朝有帕希讪派寺，吞武里王朝有黎明寺，曼谷王朝则有玉佛寺。玉佛寺是拉玛一世于1782年所建。这座寺庙建成后两年，拉玛一世将征讨老挝万象时获得的一尊玉佛迎奉到这里，故称玉佛寺。玉佛成了镇国之宝，拉玛一世专门为玉佛定制了旱季和雨季的衣服，拉玛三世（Rama Ⅲ，1824—1851年在位）又增制了冬衣。每年换季那一天，都要举行隆重的仪式，由国王亲自为玉佛换衣，代代相传，沿袭至今。

大皇宫内佛塔林立，有高棉式佛塔、缅式佛塔、泰式佛塔。仅在玉佛寺的院子里就建了8座佛塔，以献给8位值得尊敬的人。另外，还堆筑了假山，种植花草，放置了一些从中国运来的石雕神像。

在玉佛寺四周的墙壁上，绘有《拉玛坚》壁画，是曼谷王朝时期壁画的代表作。

壁画多数画在王宫和寺庙的墙壁上，作为装饰，并以佛教作为主要题材和表现对象。泰国的壁画有悠久的历史和传统，壁画作为美术的一种表现形式，从一开始就被纳入佛教艺术的范畴。壁画伴随泰国佛教艺术的发展而发展，由简单到复杂，由古朴步入成熟。

阿瑜陀耶王朝初期的壁画，明显受到吉篾艺术的影响。笔法较为生硬，气氛凝重，形象呆板。一般只使用红、黑、白三种色彩，少数壁画贴金，如坐落在京城的拉查补那寺的壁画，绘于1424—1448年，是阿瑜陀耶初期壁画的代表作。以后又有绘在石板上的壁画，在帕希讪派寺东面的一座佛塔里，一块石板上画的是佛门信徒，双手合十，手持莲花，正在拜佛颂经。这块石板画绘于1491—1529年。现存于曼谷国家博物馆。这一时期的壁画基本上以佛教为题材。

阿瑜陀耶王朝中期，壁画的风格发生了明显的变化，素可泰式的艺术风格逐步取代了吉篾艺术的影响，色彩使用也打破了过去只限于红、黑、白三种色彩的传统，变得五彩缤纷、绚丽多姿。以一本名为《三界》的画册为代表，绘于1621年，共计100页，每页宽21厘米，长54厘米，跟泰式的笔记本一般大小，但作者不详。内容是《佛本生经》的故事。从山、水、树的画法上看，明显受中国山水画的影响，着重写意，而非写实。此画册不但是绘画的教本，亦是壁画的蓝本，一直用到曼谷王朝时期。

阿瑜陀耶末期的壁画已趋于成熟，形成了具有强烈时代色彩的纯粹泰国自己的民族风格。画面色彩丰富，对比鲜明，善于变幻。还在画上贴金，使其美轮美奂。绘画颜料采购自中国，壁画的色彩艳丽。这段时期已不画成排列坐的佛像，而画欲界、色界、无色界三界的内容，以宣扬人的转世轮回。此外，还画国王出巡、飞禽走兽、神灵鬼怪和《拉玛坚》的故事。艺术水平达到了高峰。

曼谷王朝初期堪称泰国壁画的黄金时代，此时画风已经成熟，独具民族特色，色彩丰富，对比鲜明，画上贴金，美轮美奂。壁画的题材有所扩大，画家们根据自己的生活积累和感受，选择国王、宗教和一般民众的生活为素材，创作了许多富有生活情趣的好作品。这一时期的壁画从内容上分为两类：其一，取材于经典的神话故事和传说。这类壁画的主人公画得比较漂亮，但面部没有任何表情，其神态主要通过动作来表现。这种画法明显受到传统的脸谱和面具绘画的影响。《拉玛坚》剧中的人物，每个面孔都反映了他的内心世界，很容易辨别善恶。剧中地狱的场景，是现实生活的翻版，只不过将某些酷刑加以扩大。其二，取材于现实生活，并加以提炼概括。乐师、舞娘、官吏和上层人物，都有跟身份相符的特点，一般民众的形象与现实生活无异，特别是其中表现诙谐、幽默的内容，深受泰国人民喜爱。

曼谷王朝的画师们喜欢用昏暗的色调垫底，画面的色彩明亮。早期作品直接从自然界取得颜料，如黄土、红土、锅灰、炭灰等，色彩很少，画面呈现一种朦胧美。接触中国画后，开始学习使用一些丰富的色彩和贴金，把画

第235页　玉佛寺。这座寺庙是大皇宫里的皇家寺庙，供奉泰国镇国之宝碧玉佛。
第236页　玉佛寺佛龛。
第237页　玉佛寺窗户。

第238页　素泰萨旺尖顶宫殿。
第239页　守护素泰萨旺尖顶宫殿的餐风神鸟塑像。

面变得很有生气。画中的人物较小，常聚集成群，表现一段一段的故事。背景为自然景色，呈现远近透视。在壁画的最高处有一条地平线，用重叠方式表示远近层次，画面最下方的景物，距离最近，越高表示越远，不考虑事物之间的比例是否正确。曼谷王朝初期的壁画非常重视线条的应用，主要表现人物的动作，以后才慢慢注意人物的面部表情。不同动作的姿势则可以表示人物的身份和社会地位的高低。

曼谷王朝拉玛三世时期受中国画的影响比较大，壁画贴金，十分奢侈。拉玛四世时期开始学西方画法，开始有投影和层次感，按真实的视觉来绘画。

皇宫和皇寺遥相呼应，伟岸峙立，金光灿烂，彰显了皇权和神权至高无二的权威。

鉴于吞武里皇郑信在处理宗教问题上的教训，在佛教僧王遴选问题上处置不当，没有充分获得佛教界人士的支持，没有把王权和神权有机地结合起来，而最终导致吞武里政权只存在了短短的15年。所以，曼谷王朝建立后，对宗教特别重视，专门设立国家宗教事务厅，把宗教事务直接纳入中央政府的管辖之内，力图借用宗教的力量来帮助加强封建中央集权的统治。从拉玛一世至拉玛五世，都在佛教问题上做出了不同的建树。

拉玛一世登基后不久，接连颁布了7个有关暹罗佛教的法令，对佛教职务级别进行调整，提高佛教僧侣的道德水平，恢复僧侣的权势和威信。1788年，在曼谷召开了由

全国著名佛教僧侣参加的会议，由副王（即后来的拉玛二世）主持会议，王室的主要成员及佛教界领袖也都出席了会议。当时，暹罗僧侣人数众多，仅曼谷一城就有寺院82座，40万曼谷居民中就有1万人是和尚。拉玛一世对那些不服从国家政权领导的寺院和僧侣，采取了严厉的惩罚措施。仅1801年他就取消了128个“道德败坏，行迹恶劣”和尚的僧籍，并罚他们去做苦工。

拉玛一世修建了许多重要的寺庙，如1782年在王宫里建玉佛寺和素塔寺，此后还修缮了10座寺庙。由于战乱后大规模修缮佛寺，僧侣们获得安定的居处和举办宗教活动的场所。此外，他还在搜集佛像和整理佛教典籍方面做了大量的工作。在搜集古代佛像上，他从北方搜集了大小佛像1248尊，放置于曼谷各寺。在搜集整理佛教典籍上，由于阿瑜陀耶城被缅军攻陷后，佛寺和佛教典籍损失惨重。拉玛一世认为有必要将搜集整理佛教典籍工作进行下去，便邀请擅长巴利文的218位高僧和32位获得僧爵的僧人组成委员会来完成这项工作。这个委员会从1788年底开始工作，持续5个月，共审核佛经354部，装订成书3486卷，封皮贴金，称为金本或钦定本。此外，还有两个版本：一是隆颂本，计305部（3649册），一是彤粗本，计35部。这些佛经被分送各寺。

拉玛一世不仅要求僧侣遵守佛门戒律，他自己也严格遵守佛教的规矩，早上起来斋僧，听佛乐，晚上诵经。为了加强对佛教的领导，他撤掉吞武里皇郑信立的僧王

第240—241页　律实宫。律实在泰语里是兜率天，即佛教所说欲界六天中的第四层天。所以律实宫是第四层天上的兜率宫。
第241页（右）　却克里大殿。拉玛五世采用西方与泰式相结合的建筑，底部用大理石砌成，屋顶是庑殿式大屋顶，高耸的塔尖，像一顶皇冠罩在大屋顶上。

第242—243页　帕玛哈孟天殿。这里曾是拉玛一世的寝宫，后来用作举行各种王室大典。它是典型的泰式古典建筑，屋顶两端有龙凤角装饰的鸥尾，山墙的人字板上有叶纹图案。

（澈），将被吞武里皇废黜的原僧王（希）重新立为僧王。并更换了僧团的部分上层领导人。为了整肃僧侣的纪律，从1782到1801年，拉玛一世共颁布了10部僧律。

拉玛二世继位后，进一步整顿佛教组织，剥夺了2500名不法和尚的僧籍，为佛门清扫门户。同时，他还组织重修三藏典籍，因拉玛一世时期的钦定本佛经被一些寺庙借去传抄而有丢失，故拉玛二世下令补充修订。这次没有结集高僧，只命人进行增补，因每册佛经的封面都是用红墨水写字，称为红墨水本；另外，对1482年阿瑜陀耶戴莱洛迦纳王的著作《大皇语》也做了增补，恢复了许多文学方面的内容。因为拉玛二世本身是诗人，所以他特别重视文学。

拉玛二世进行了僧伽学制的改革。原先《佛经》的学习分为三级，僧人即使全部完成三个级别的学业，也还没能将应该学习的《佛经》全部学完。拉玛二世将《佛经》的学习改为九段，由简而难逐步升段。僧人学完最初的三段，可获“普连”（学者）的称号，学完第四段，获“普连4段”的称号，一直到学完九段，获“普连9段”的称号。学习阶段可以分散在各个寺庙，考试则集中在玛哈达寺或玉佛寺里。考试时间不确定，由考试委员会规定。考生要当着3—4名考试委员会的考官翻译佛经，由20—30位法师担任证人。假如考生译得顺利，可以在一天之内通过9段考试。这个规定，鼓励僧侣皓首穷经，钻研学问，跟俗家子弟一样，通过发奋读书，获取功名爵位。

拉玛二世统治时间仅15年，先后立了3位僧王。他对僧团的控制方式一如拉玛一世时期。

拉玛三世下谕造了许多佛像，青铜浇铸，外面包金。另外，用银子铸了64尊佛像，每尊耗银10两。1842—1843年铸了两尊立佛，仅外面的贴金，每尊用金箔63泰斤14两。还有2尊特大的佛：銮菩多佛，置于吞武里的越因寺，仿照帕南车寺的大佛而建，这是曼谷最大的一尊降魔式的佛像。华人非常崇拜这尊佛像，每逢中国的春节，来拜的华人达数十万。另一尊是卧佛，置于帕派坡寺，是泰国最大的一尊卧佛。

拉玛三世命人将摩揭陀文佛经翻译成泰文，并倡导所有僧俗信徒读经；对佛教典籍进行了认真的校对、整理；为了从信奉佛教的邻国获得佛教典籍来作为校对的底本，两次派使节前往锡兰。

在每座皇家寺院里，拉玛三世都聘请法师来为沙弥授经，即使在皇宫里，也要盖专门的亭子供僧侣学习之用。对研习佛经成绩好又懂巴利文的僧人，拉玛三世亲自接见并授予僧爵。因此，拉玛三世时期僧侣的学风很好，出现许多学识渊博的哲人和高僧。僧人的人数也急剧增长，照西方学者的统计，当时曼谷的僧侣达1万人以上。而全泰国的僧侣达10万人以上。

当时流传这样的说法："无论三世王在什么地方，无论发生什么事情，他总是首先考虑扶持佛教。"全国的佛教徒都在拉玛三世的荫庇之下，拉玛三世每天都要按时斋僧，下令取消杀生的法律，免除发生自然灾害地区的赋税，赈济粮食给贫民。在拉玛三世去世之前他还让王子到84座寺庙里斋僧，受益的和尚7353人，折合白银1838泰斤。

拉玛三世调整了对僧侣的管理方式，把皇室建的寺庙和百姓在曼谷建的寺庙合并起来，组成中央僧团，从原有的3个僧团中独立出来，形成了4个僧团：北部僧团、南部僧团、中央僧团和阿兰瓦西僧团。设僧王一职作为所有僧团的总领导。

拉玛三世弥留之际仍不忘修建寺庙，在临终遗言中说："跟越南和缅甸的战争结束了，只剩下西方人，要小心，不要吃他们的亏。对他们的好东西，我们要学习，但不要盲目崇拜。现在我最牵挂的是寺庙，一些正在建设中的大庙的工程，遇到阻力，如无人继续赞助，就会损坏……谁将来继承王位，请转告他，请他出钱赞助寺庙。"

拉玛四世（Rama Ⅳ，1851—1868年在位）登基前曾以行脚僧的身份走遍全泰国，对佛教事务最了解也最重视。他即位后，在曼谷修建了4座寺庙，修缮了2座寺庙，

第244—245页　大皇宫内壁画。泰国的壁画发轫于班普的史前岩画。岩石上的人、兽、手掌印和几何纹图案，表现了他们的美术创作冲动和原始的宗教信仰。随着佛教传入泰国，绘画便走进寺院，成为佛教艺术的一个重要组成部分。

第246—247页　大皇宫内壁画。早期的壁画受高棉影响，技法简单生硬。阿瑜陀耶王朝末期画风趋于成熟。曼谷王朝时期，艺术水平达到顶峰，《拉玛坚》壁画是代表作。

第248页、第249页　大皇宫内壁画。画师们喜欢用昏暗的色调衬底，而画面的色彩明亮，使其景物突出；对自然景色的表现有了远近的透视，在壁画的最高处有一条地平线，用重叠的方式表示远近层次，画面最下的景物距离最近，越高表示越远；不考虑事物之间的比例关系是否正确，大者重要，小者次要。动作姿态表示人物的身份和地位。贴金的应用使壁画显得奢华昂贵。

另外，替30座寺庙改名。

拉玛四世认为，每年阴历3月的万佛节（The Makha Puja Day）是佛教的一个重要日子，从1851年开始，正式宣布成为公共假日，并延续至今。具体来说，拉玛四世对佛教的扶持体现在以下几个方面：

1. 修补佛经。拉玛四世下令检查孟天贪（Ho Phra Monthian Tham）藏经阁的佛经，结果发现缺了许多册，于是设法增补，使之完备，后来完成了一套完整的三藏经，称为《套红三藏经》。

2. 赞助大乘佛教。从素可泰时期起泰国的大乘佛教就已经开始衰败，到了拉玛四世时期，又得到国王的支持。当拉玛四世登基时，他第一次请信奉大乘的越南僧人来参加庆典。拉玛四世善待越僧，是为了圆融大、小二乘，消弭教派之间的矛盾和分歧。越僧获准在现今的白石桥一带建庙，国王钦赐庙名为“硕木那南波里汉”。这个教派一直延续至今。

3. 对僧团的管理。拉玛四世增设了2个僧伽职务：1名主管弘法事务，八等僧爵；1名主管僧律，七等僧爵。就是说，佛教的宣传和纪律的监督分由2人负责。拉玛四世还给许多僧侣加官进爵。使僧官的等级制度逐渐与世俗官吏的等级制度一样完善起来。

4. 创立新宗派。拉玛四世在登基前当过27年的僧人，他以一个王子的特殊地位和对佛学深入精湛的研究，在泰国创立了一个新的佛教宗派——法宗派

第250—251页　大皇宫内壁画。《拉玛坚》剧中每个角色的面孔，都反映出其内心世界，很容易分辨出善恶。

第252页、第253页　大皇宫内壁画——仙女。《拉玛坚》剧中的仙女称为喃，不戴面具。

(Thammayut，亦称达摩有派）。法宗派以拉玛四世曾经住持多年的母旺尼域（Bowonniwet）寺为大本营，信奉该宗派的僧侣人数不多，但与皇室关系密切。法宗派与泰国最大的大宗派（摩诃派）同属佛教小乘教派。

拉玛五世对佛教的贡献首先表现在对教育的重视上，1885年拉玛五世下令让寺庙办学。那时，西方式学校尚未在泰国普及，家长通常把孩子送进寺庙里读书。因此，每座寺庙，无论是王寺还是普通寺庙，至少配备5名有文化的僧侣充当教员。如果僧侣不够，请普通人当教员也行，但要付给工资。每隔6个月举行一次会考，考试优异者，教师和学生都能获奖。寺庙的住持必须重视教学工作。

拉玛五世认为教育不能只停留在会写会算的基础上，要把教育提高到大学的程度，于1889年在玛哈泰（Mahathat）寺创办玛哈泰学院，到1896年改名玛哈朱拉隆功佛学院，1893年在波瓦洛尼寺办玛哈蒙固佛学院。他希望把这两个佛学院办成像西方的神学院一样具备大学的教育水准，但他在任时并没有实现这个愿望。直到1946年，玛哈蒙固佛学院才开设大学的课程。而1947年，玛哈朱拉隆功佛学院于正式成为大学。1881年，拉玛五世创办玫瑰园侍卫学校，成为后世著名的朱拉隆功大学的前身，这所泰国的最高学府一直延续到今天。

拉玛五世注意到改善小乘与大乘教派的关系。泰国曼谷王朝时期的大乘僧人主要指越僧和华僧。这两部分僧人历来不受重视，一直不被授予僧爵。他们跟世俗的越南侨

民和中国侨民一样，隶属于左局，不享受泰国僧人的特权。按照曼谷王朝113年（公元1895年）颁布的条例第14条规定："如果需要僧人出庭当证人，不许传僧人到法庭，而必须去寺庙里取证，也不能要求僧人先发誓保证所提供的证词属实。如果僧人不愿提供供词，法庭亦不能强迫。"这个特权仅仅适用于泰国僧人，不包括越僧和华僧。拉玛五世改变了这种不合理的规定，他认为大乘派的僧侣亦值得重视，下令授予他们僧爵。任命越僧（阿难派）的首领为法师，接下来的职位是协理、助理。华僧的管辖权也从左局移到司法部，但还没有享受与泰国僧人同等的权利。他们还必须出庭作证，还必须像普通人一样地宣誓。到拉玛六世时期，他们才被交宗教部管辖，开始有权设住持、

第254—255页　震寺。这座寺庙由两尊巨型夜叉塑像守门。
第256页、第257页　守门夜叉塑像。
第258—259页　瓷花镶嵌的山墙。
第260—261页　卧佛寺内的守卫者：中国门神和葡萄牙士兵雕像。

宗长等职务。

拉玛五世增设了许多过去没有的僧爵等级和僧爵制度，规定世俗政权不得对僧团事务横加干涉。保障僧团拥有处理寺产和田租收益的权利，确保僧团有独立的经济来源。

从拉玛一世到拉玛五世，国家的最高统治者无一例外都对宗教十分重视，尽其所能地推动佛教的建设和发展，这不仅因为国王本身就是虔诚的佛教徒，更重要的是他们都把佛教视为国家统治机器的一个重要组成部分，想尽办法来维护和完善它。可以说，每一位国王在佛教方面表现出来的建树，实际上反映出他们统治国家的政治智慧。

曼谷王朝在执行宗教政策上，通过颁布《僧伽条例》

第262页　玻璃镶嵌的佛塔。玻璃镶嵌是民间传统手工艺，用沙烧制玻璃，加药水后变成彩色，将玻璃吹成球形，再敲成碎片，使其有一定弧形，反光性能好，镶嵌在建筑物上，在阳光照耀下，华丽生辉。

第263页　玻璃镶嵌的佛寺装饰。

使僧伽和政府无论在高层次或低层次上都融为一体。僧侣也和世俗一样有僧王、大长老和各级僧官，僧官的选拔和世俗官吏一样通过考试产生。某等僧爵相当于某等文官。因此，佛教和政府成为维护国家统治的两根重要支柱。这就是君主专制政体下佛教以备受重视的根本原因。

然而，实行君主专制政体的曼谷王朝在与西方的国际交往中，则处于不利的地位。1851年的《鲍林条约》是泰国与英国签订的第一个不平等条约，它敲开了暹罗“闭关锁国”的大门，使西方殖民主义者得以不断对其进行渗透，将其纳入世界资本主义经济体系，成为他们的原料产地和商品推销的市场。

面对严峻的形势，作为最高领导人的蒙固和朱拉隆功决心采取自上而下的变革。他们主动学习西方文明和科学知识，逐步废除奴隶制和各式各样的封建依附关系，改革中央和地方行政管理制度，对财政税收制度、教育制度、军事制度、立法和司法制度进行全方位的改革。大力修建铁路、公路，开办邮电、通讯等公共设施。

19世纪末叶，亚洲有三个国家同时开始了一场学习

第264页　卧佛头部。这尊卧佛长46米、高50米，建于1832年。卧佛全身镀金，眼睛和脚用珍珠母贝壳镶嵌，表现佛陀涅槃。现藏于曼谷卧佛寺。
第265页　卧佛全景。
第266—267页　卧佛寺内佛陀讲经壁画。

西方自上而下的改革，日本的明治维新取得了成功，暹罗的改革成功了一半，中国的戊戌变法则完全失败。究其原因，各国的改革都有其自身的历史条件和各种客观因素，以及改革者所做的主观努力的程度，因而有不同的结局。仅就暹罗改革的过程来剖析，蒙固和朱拉隆功，本身就亲自接触和学习了西方文化，政府内部没有比他们地位更高的顽固派对其进行掣肘，因此能够比较顺当地推行各项改革措施。他们聘用西方人当顾问，以西方为师。虽然这无异于与虎谋皮，但是曼谷王朝并没有沦为西方的殖民地，至少在名义上保持了主权和独立，所以说暹罗的改革成功了一半。蒙固和朱拉隆功的改革并不是国家体制和制度的根本改革，只是对封建君主专制的一种改良，但毕竟奠定了现代泰国的基础，推动了暹罗朝现代化方向的发展。

如今，依然可以看到拉玛五世改革留下的硕果：拉玛五世修建的五马路，至今仍是曼谷最宽的街道之一；100多年前的曼谷火车站，通往外府的火车照旧运行；完全用珍贵柚木建造的拉玛三世行宫，展现了高超的泰国建筑艺术；用意大利进口大理石砌成的云石寺，又融进了西方的建筑艺术风格。

教育的现代化是拉玛五世改革带来的一个成果。1871

พระบารมีปกเกล้า อยู่เย็นเป็นสุข

第268—269页　金佛寺（Wat Traimit，又称黄金佛寺）。这座寺内因供奉一尊世界最大的金佛而闻名，位于唐人街的耀华力路。

第270—271页　金佛寺内金佛。这尊700年前铸的金佛重5.5吨，高近4米，金光灿烂，是泰国和佛教的无价之宝。传说原来用泥灰包裹，在一次搬运中泥灰意外脱落，方显真金本色。
第272—273页　金佛顶上的吊灯。这盏吊灯装饰精美、金碧辉煌。

第274页　曼谷王朝时期的佛像。
第275页　曼谷王朝时期的佛寺。

年，拉玛五世在王宫里办起了第一所学校，让王室及贵族子女就读，还聘请外籍教员教授英语。1889年建玫瑰园侍卫官学校。次年又建立一所地图测绘学校。拉玛五世为解决泰文教材问题，命披耶希苏托威汉编纂了6册泰文教科书。1885年民间也办起了正式的学校。玛罕帕兰寺的学校是泰国第一所平民子弟就读的学校。据1887年的统计，全泰国共有35所学校，教师81人，学生1994人。拉玛六世（Rama Ⅵ，1910—1925年在位）时期，为了培养政府机构所需的文职人员，将侍卫官学校改为文官学校。1916年又将文官学校升格为朱拉隆功大学。这是泰国的第一所大学，也是世界著名大学之一。自建校以来，为泰国培养了大批高精尖的优秀人才。

1932年6月24日的政变推翻了泰国传统的君主专制统治，实现了以国王为国家元首的议会民主制，颁布宪法，以法治国，取缔独裁统治，无疑是暹罗政治生活的一大进步。

1936年泰国政府制订教育计划，提出："政府的目标是使每个公民都有权接受教育，以充分实现每个公民的民主权利。"规定小学阶段学习4年，初中3年，高中3年。1937年时任内政部部长的比里向内阁提出建立法政大学的建议，并荣膺该校"创始人"（校长）长达18年之久。法政大学成为与朱拉隆功大学齐名的重点大学。1951年泰国

第276页、第277页　金属巴刹（王孙寺）建于拉玛三世时期，塔尖用金属建成，是当今世界上仅存的三座金属巴刹之一。有4层楼高，37个塔尖，正好跟菩提分法的四念处、四正勤、四如意足、五根、五力、七觉支、八正道，共37道品相吻合。

第278—279页　金属巴刹塔尖。

加入联合国教科文组织。泰国的教育与国际社会接轨，并得到国际社会的支持。

在1936年泰国政府制订教育计划以前，寺院不仅垄断了教育，也垄断了意识形态和上层建筑。佛教思想深入人心，形成了全民信奉的人生观和普世价值观。可以说，佛教是泰国社会构成的一块重要基石。泰国所有的文化艺术和上层建筑都以这块基石为活动平台。佛教对建筑、雕刻、绘画、文学、史学、音乐、舞蹈等文化艺术的影响是毋庸置疑的，它是一切文化艺术创作的一个原动力。在泰国当时的历史背景下，文化艺术的创作实践，首先是为了适应佛教活动的需要。以宗教为核心，宗教起着支配一切的作用。人们为宗教而生活，文字为宣扬宗教而创立，教育依赖宗教而存在，雕刻使宗教形象化，绘画是宗教的图解，文学为宣传宗教教义而创作，史学为记录宗教活动而产生，音乐是为了娱悦神灵，舞蹈是为了酬神或传达神的信息。同时，宗教又是文化艺术取之不尽、用之不竭的创作源泉。宗教故事、宗教人物、宗教理念、宗教价值成为文化艺术的主要表现对象和内容。宗教经济是宗教文化艺术品的最大消费者。宗教艺术品之所以能够保持昂贵的价格，是通过宗教需求来实现其自身的价值。因此，在泰国历史上，宗教兴则文化艺术兴，宗教衰则文化艺术衰。形成了一条万古不变的循环规律。

从1946年普密蓬·阿杜德即位至今，是泰国历史上的曼谷王朝拉玛九世（Rama Ⅸ，1946年登基至今）时代。

普密蓬·阿杜德是拉玛五世朱拉隆功的孙子，拉玛七世（Rama Ⅶ，1925—1935年在位）巴差铁扑的侄子，拉玛八世（Rama Ⅷ，1935—1946年在位）阿南多·玛希敦的胞弟。1927年12月5日出生于美国马萨诸塞州坎布里奇市，青少年时代在瑞士接受教育。他被取名为普密蓬·阿杜德，泰文的意思是“无与伦比的能力”。1951年普密蓬·阿杜德从欧洲留学回来，正式即位亲政。他在即位诏书里宣誓：“为了暹罗民众的幸福，我将以公正的原则来治理国家。”半个多世纪以来，拉玛九世领导下的泰国，基本上做到了社会安定、人民幸福、民族团结、经济发展，并朝着政治上实行民主和法治的方向不断进步。

根据泰国宪法的规定，国王是泰王国的国家元首，武装力量的最高统帅，宗教的最高护卫者。因此，国王是至高无上和备受尊敬的人。任何人不得侵犯或在任何方面指控国王。国王在泰国具有崇高的地位。国王作为国家元首，通过国会、内阁和最高法院行使国家权力。国会讨论通过的一切法律、法规、提案都必须报请国王签署批准。国王通过内阁行使政权时，宪法赋予国王处理一些国家重大事件的权力，如宣布国家执行或取消戒严令，宣布战争或结缔和约等。国家通过法院行使司法权时，国王可以根据被告的申述，建议最高法院重新考虑已做出的最终判决。国王还有权决定大赦。此外，国王对内阁成员、特级文官和与此职位相当的军警人员、各级法官有任免权，同时，有权取消官员的爵衔和收回官员的勋章。

拉玛九世和王室成员，十分重视泰国各族人民之间的民族团结，尊重各种不同的宗教信仰，特别是对华人给予和泰人一样平等的待遇和关怀。为了肃清日本占领泰国时期所推行的反华排华政策的流毒和影响，1946年6月3日，拉玛八世和拉玛九世曾联舆莅临唐人街和华侨报德善堂，对华人百姓表示慰问。1982年曼谷建都200周年纪念日，王储和诗琳通公主都先后莅临唐人街访问，对泰国华人做出的贡献给予高度评价。1994年拉玛九世为华人集资创办的大学赐名为“华侨崇圣大学”，并亲自参加这所大学的揭幕庆典。

拉玛九世非常关心民众的疾苦，自筹基金推行各种发展经济的计划。他在王宫里创办农业试验田，挖掘鱼池，饲养奶牛，集中一批科技人员进行试验和研究，取得经验后向全国推广。他经常巡视全国，根据各地的情况提出一些切实可行发展经济的计划，如修水利、建电站、办合作社、兴建学校、赈灾扶贫等。他还帮助北部山区的少数民族改变落后的生活方式和种植鸦片的恶习。他提出并推广“替代种植”，即用一些农作物或经济作物来替代鸦片、毒品的种植，在帮助山区民众解决经济困难的前提下，杜绝鸦片、毒品的种植。因此，拉玛九世在泰国人民心中享有

第280—281页（上）　朱拉隆功大学文学院大门上方三角楣饰。
第280—281页（下）　朱拉隆功大学文学院。
第281页（右）　那伽石雕。
第282页（上、下）　法政大学。比里塑像和最古老的楼。
第282—283页　拉玛五世柚木宫。

崇高的威望，并受到国际社会的好评。

1977年泰国爆发金融危机，国民经济严重受挫。拉玛九世颁布谕示说："泰国成为'亚洲五小龙'并不重要，重要的是要发展使老百姓够吃够用型的经济。"在这种思想指导下，纠正了片面追求经济发展的错误倾向，摆正了经济发展与改善民生的关系，克服经济危机带来的负面影响，使泰国经济向着务实和稳步复苏的方向发展。

在拉玛九世担任泰国国家最高领导的68年的时间里，泰国政局经历了许多风云突变、跌宕起伏，政变频仍，危机四伏。经过了金融风暴的肆虐，又迎来街头暴力的考验。当街头政治演变为激烈冲突和对抗的时候，民主显得苍白无力，只好由军人出来收拾残局。泰国的历届民选政府，虽然设有国防部和警察总监，但不能实际掌握军队和警察，每当出现政治危机，各派政治力量争持不下的时候，拉玛九世都能按照君主立宪政治制度的原则，充当好"仲裁者"的角色，使泰国的政治之船安然驶过险滩。

拉玛九世主张执行宗教信仰自由的政策，虽然90 %以上的泰国人信仰佛教，但伊斯兰教、基督教和印度教也有自己的信众，有自己的生存空间。

拉玛九世年轻时也像普通的男青年一样，剃度出家一

段时间。他于1956年10月22日举行剃度礼，是泰国第4位在位期间出家的国王。同年11月5日还俗，历时15天。拉玛九世的剃度等于向世人诏示：国王本人是佛教徒，亦是最高护法。

拉玛九世时期对佛教所做出的主要建树是，颁布了1962年版的《僧人条例》，它与以往颁布的《僧人条例》相比，最突出的特点是集中了僧伽的权利，并把它置于相应的各级政府机构的监控之下。就是说，政权加强了对僧权的控制，从而使宗教更加政治化。

1951年拉玛九世颁布了《宗教教育机构办学条例》，把现代化的世俗教育方式引入宗教教育。在佛教学校中开设英语、泰语、自然地理、社会学、生理卫生等普通学科，和世俗学校一样设立学士、硕士、博士学位。佛教学校的学历受教育部承认。1970年全国的宗教教育机构共有5361所，支出金额120万铢。朱拉隆功佛学院公开接受外国留学僧人到本校学习。

伊斯兰教是泰国的第二大宗教，全泰国计有2300多座清真寺，伊斯兰教徒约200万人，原先大部分居住在泰南各府，后来有一部分人移居曼谷，经过近千年的发展，伊斯兰教徒逐渐由泰南沿海深入到内陆城镇。现在，泰国

第284—285页 云石（Benchamabophit）寺。这座寺庙是拉玛五世时建造的，是泰国最具有西方建筑风格的寺庙。寺庙全部用意大利的大理石所建。屋顶用中国琉璃瓦覆盖。融合了西方、中国、印度等佛教造型艺术风格。
第286页 云石寺石狮。
第287页 云石寺寺门。

第288页、第289页　水磨漆金门。这两扇水磨漆金门制作于曼谷王朝时期。
第290页　水磨漆金门窗。
第291页　镀金门窗。
第292页、第293页　佛寺镀金装饰图案。

第304页、第305页　那伽。《真腊风土记》说："桥之栏皆石为之，凿为蛇形，蛇皆九头。"这种蛇在梵文中称为那伽，实际为7头或5头。那伽崇拜源于婆罗门教，后那伽演变成佛教护法。

第306页　镏金那伽塑像。
第307页　石刻那伽雕像。

第308—309页 迦楼罗。俗称大鹏金翅鸟，以蛇为食，是毗湿奴坐骑。后成为佛教天龙八部之一。现作为泰国国徽的标识。
第310—311页 却克里大殿，是一座意大利文艺复兴建筑风格与加盖泰式传统殿顶相融合的建筑。曾经是宫廷召见仪式和君王加冕礼举行的地方。
第312—313页 金钟。钟是一种用金属制成的撞击乐器，也用于报时和召集人群。随着佛教的传播，钟就被请进了寺院，成了佛教的法器——梵钟。梵钟与佛寺结下了不解之缘，“有寺必有钟，无钟即无寺”。这口金钟现藏于曼谷的王孙寺。

编后记

《丝绸之路上的东南亚文明——泰国》终于付梓，我松了一口气，我和我的团队太期待它的面世了。

在出版界从业30多年，我还从来没有这样跨越国境做书，也许连设想都不曾有过。是时代的机遇，是中国社会的改革开放以及中国经济的发展给了我们一个可能的平台。

“丝绸之路上的东南亚文明”选题策划完成之后，得到了各方面的认可，《丝绸之路上的东南亚文明——泰国》是这个书系中的第一部。

在广西国际博览事务局和泰国政府部门的支持下，我们组建了由主编、编辑、作者、摄影师组成的团队，两次飞赴泰国采风、拍片。因为有泰国华文教师公会副主席马嫣女士的帮助，我们得以顺利地从北到南，拍摄了9个博物馆珍藏的文物，记录了从史前时期、前素可泰时期、素可泰王朝时期、阿瑜陀耶王朝时期、吞武里王朝时期的遗址以及曼谷王朝时期的影像资料，掌握了大量一手的图片，为做好这部图文并茂的书奠定了很强的专业基础。

整个拍摄过程让人心情激动。著名摄影师连旭先生以他40多年的摄影经历，拍摄文物的专业知识和丰富经验，对此次活动倾注了极大的热情。从北京到曼谷，从一个博物馆到另一个博物馆，从一处遗址到另一处遗址，几个大箱子的摄影器材从不离身，没有专业的助手，几十公斤重的器材多是他自己提。因为体力消耗太大，除了拍摄，他需要的就是睡觉；除了拍摄，他唯一的需求就是一杯咖啡。他的职业精神和他对专业水准的要求让我对即将出版的这部书有了更高的期望。

更所幸，撰稿者段立生先生是研究泰国历史文化的专家，他上世纪60年代就读北京大学东语系，主修泰国语言文学。受到季羡林先生的教诲和影响，在北大学习期间，段先生就着力于从浩如烟海的中国古籍中收集记载泰国历史的资料。这些难为人知的珍贵史料填补了13世纪素可泰王朝建立之前的泰国历史。在段先生旅居泰国的10多年中，他还走遍整个泰国实地考察，对照史籍的记载做比较，力求得到最真实的答案。段先生尊重历史的学术精神在泰国历史文化的教学及研究生涯中得到泰国学界的认同和尊重。同时他对泰国历史的研究也佐证了中国与泰国自古就有友好往来的深厚情谊。

主编与作者、编辑、摄影师可以说是一路采风，一路拍摄，一路讨论，待到行程结束，大家对这个选题的价值、意义和图书的架构已经非常清楚了，大大缩短了各方面磨合的时间。让这部作品得以在短短的两年时间与读者见面。

本书的出版，要感谢广西新闻出版局前任局长于瑮女士，广西国际博览事务局前任局长郑军健先生，感谢前泰国国家旅游局副局长山森（Sansern Ngaorungsi）先生，现任泰国国家旅游局东亚司司长席素妲（Srisuda Wanapinyosak）女士，感谢泰国曼谷国家博物馆、清迈国家博物馆、素可泰兰甘亨国家博物馆、班清博物馆、佛统博物馆、素攀府乌通国家博物馆、宋卡国家博物馆、洛坤国家博物馆、素叻他尼国家博物馆和大城国家旅游局，没有他们的帮助，就不可能有这样一部作品的问世。

李元君

2015年4月

图书在版编目（CIP）数据

丝绸之路上的东南亚文明 ：泰国 / 李元君主编 ；段立生撰文 ；连旭摄影. — 南宁 ：广西人民出版社，2015. 5

ISBN 978-7-219-09423-5

Ⅰ. ①丝… Ⅱ. ①李… ②段… ③连… Ⅲ. ①文化史－泰国 Ⅳ. ①K336.03

中国版本图书馆 CIP 数据核字（2015）第095769号

丝绸之路上的东南亚文明：泰国

SICHOU ZHI LU SHANG DE DONGNANYA WENMING：TAIGUO

总 策 划 李元君
总 监 制 李元君
监　　制 卢培钊 白竹林
特约编辑 石 勃 俞大宁 高 崎 胡庆嘉
特约校对 黄文魁
责任编辑 田 珅 罗敏超 覃结玲 唐柳娜
责任校对 高 健 梁小琪 蓝雅琳
设计总监 杨林青
装帧设计 彭琳君 蒙 希

出版发行 广西人民出版社
出 版 人 卢培钊
社　　址 广西南宁市桂春路 6 号
邮　　编 530028
印　　刷 雅昌文化（集团）有限公司
开　　本 787mm×1092mm 1/8
印　　张 39.5
字　　数 100 千字
版　　次 2015 年 5 月 第 1 版
印　　次 2015 年 5 月 第 1 次印刷
书　　号 ISBN 978-7-219-09423-5
定　　价 798.00 元